GERHARD DREXEL

SEHNSUCHTSORTE IN BRANDENBURG

Refugien für den kleinen Urlaub

Mit Hofläden und Manufakturen

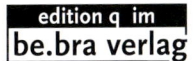

edition q im
be.bra verlag

Stand der Informationen: Januar 2020

Bibliografische Information der Deutschen Nationalbibliothek
Die Deutsche Nationalbibliothek verzeichnet diese Publikation
in der Deutschen Nationalbibliografie; detaillierte bibliografische
Daten sind im Internet über http://dnb.d-nb.de abrufbar.

© edition q im be.bra verlag GmbH
Berlin-Brandenburg, 2020
KulturBrauerei Haus 2
Schönhauser Allee 37, 10435 Berlin
post@bebraverlag.de
Lektorat: Marijke Leege-Topp, Berlin
Umschlag: hawemannundmosch, Berlin
Satz: typegerecht berlin
Schrift: Milo 9/12,5 pt
Druck und Bindung: Finidr, Český Těšín
ISBN 978-3-86124-735-7

www.bebraverlag.de

Inhalt

NORDOSTEN

ANHANG

Vorwort

Wer Ruhe und Entschleunigung sucht, der ist in Brandenburg genau richtig. Um auszuspannen, liegt tatsächlich nichts näher als sich ein Refugium an den hiesigen Seen und Flüssen zu suchen, in bewaldeten Moränenlandschaften, zwischen grünen Hügeln oder blühenden Rapsfeldern. Auch die vogelreichen Elbauen, das Oderbruch mit seinen kleinen Dörfern, das Havelländische Luch, die Märkische Schweiz, der hügelige Fläming oder die neu entstehende Seenlandschaft im Lausitzer Kohlerevier sind voller geschichtsträchtiger und idyllischer Orte. Überall findet man hier gemütliche Übernachtungsmöglichkeiten in verschiedenster Form – sei es in majestätischen Herrenhäusern, ehrwürdigen Gutshöfen, alten Mühlen, Schlosshotels oder auch in Güter- und Eisenbahnwaggons. Das Angebot an Rückzugsorten in wunderschöner, abwechslungsreicher Landschaft ist nahezu unerschöpflich.

Bei der Auswahl der in diesem Buch vorgestellten Unterkünfte wurde darauf geachtet, dass sie Teil der abwechslungsreichen brandenburgischen Geschichte sind und diese für den Besucher sichtbar machen. Nicht nur die Originalität der Herberge war ausschlaggebend, sondern auch die Möglichkeit, hier ein Refugium zu finden, in dem man völlig abschalten kann. Schon im

Gut Klostermühle am Madlitzer See

Wort Refugium, das vom lateinischen Verb refugere abstammt, das fliehen, flüchten oder auch weichen bedeutet, liegt der Wunsch nach einem Rückzugs- und Zufluchtsort.

Da jeder Mensch seine eigenen Vorstellungen von Ruhe und Einkehr hat, findet sich auf den folgenden Seiten eine große Auswahl ganz verschiedener Refugien: vom Domizil im stillen Schlosspark bis hin zum Bahnhof an einer noch befahrenen Eisenbahnstrecke – denn für einen Eisenbahnbegeisterten kann das Vorbeifahren eines Zuges der Inbegriff von Entspannung sein. Andere haben es gerne bodenständig und genießen in einem urigen Güterwaggon die Stille der Oderauen, und wieder andere lieben Spaziergänge auf dem Deich oder in alten Landschaftsparks unter majestätischen Bäumen. Während die einen gerne in rustikalen Betten schlafen, legen andere Wert auf herrschaftlichen Komfort mit delikatem Abendessen. Allen hier vorgestellten Domizilen gemeinsam ist jedoch, dass sie etwas bieten, was über reinen Komfort und Wellness hinausgeht und unsere Sehnsucht weckt, bald an diesen Ort zurückzukehren.

Eine Besonderheit Brandenburgs sind seine vielen Hofläden und Manufakturen. Damit man etwas von der am Sehnsuchtsort genossenen Entschleunigung mit nach Hause nehmen kann, werden im Buch auch jeweils einige Läden in der Umgebung vorgestellt, die typische und hochwertige Spezialitäten aus der Region verkaufen.

Vielleicht verschafft die Lektüre dieses Buches schon bei der Planung des nächsten Ausflugs eine kleine entspannende Auszeit. Ich würde es Ihnen wünschen!

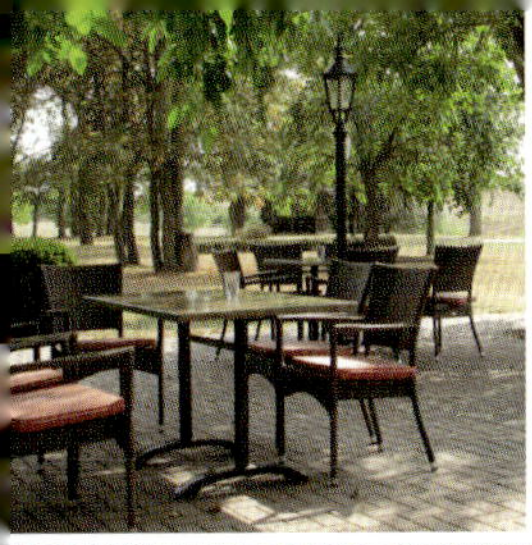
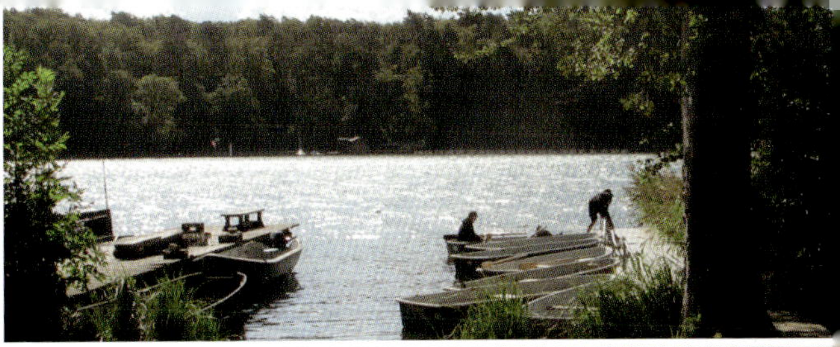
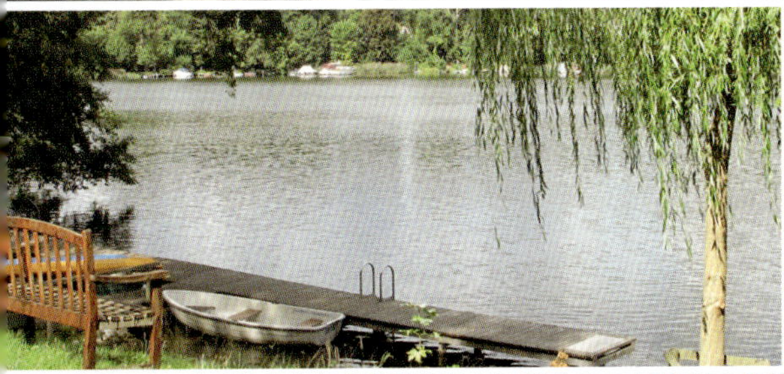
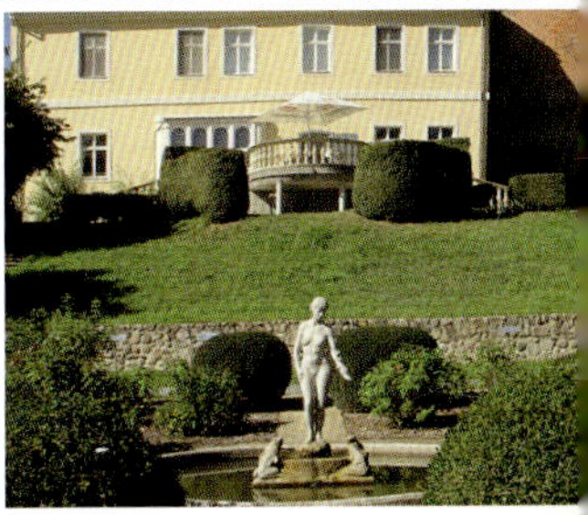
Weinberg
Bitte Klingeln
Hof-
laden
SALONWAGEN
VOITURE RESTAURANT

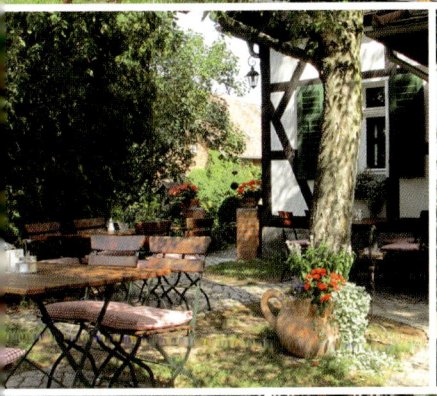

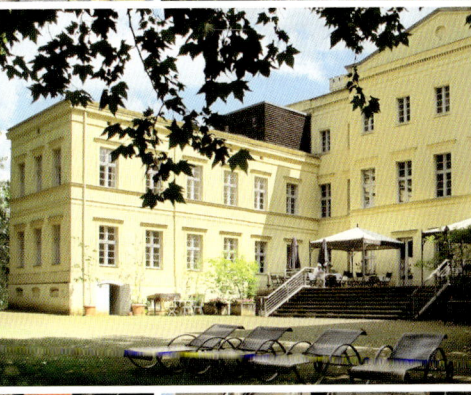

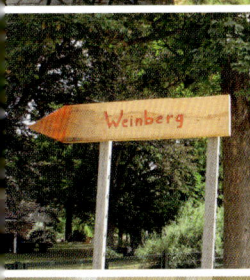

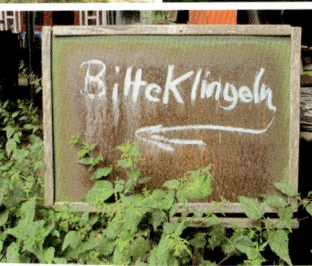

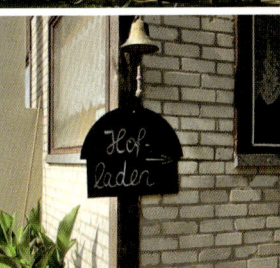

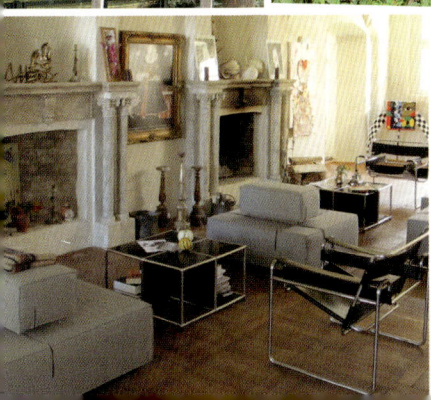

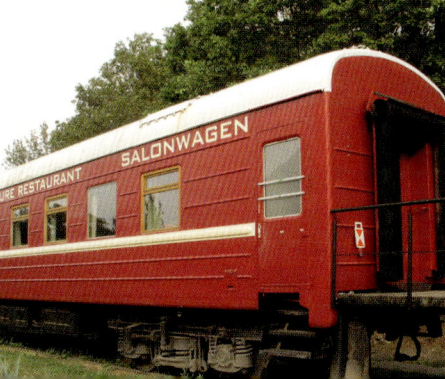

Nordwesten

Bio-Hotel mit Geschichte
Landgut Stober

Auf dem weitläufigen, mit Feldsteinen gepflasterten Hof des Landguts Stober erinnert eine kleine Lokomotive an die Industriellenfamilie Borsig, die ab 1866 langjähriger Besitzer dieses prächtigen Anwesens war. Die meisten Gebäude stammen noch aus dieser Zeit. Das schmiedeeiserne Haupttor zieren Figuren, die einst zum Oranienburger Tor in Berlin gehörten. Albert Borsig erwarb sie beim Abriss des Tores 1867 und ließ sie nach Groß Behnitz bringen. Nach Borsigs Tod leitete sein Sohn August das Familienunternehmen, danach übernahmen dessen drei Söhne. Der Lokomotivbau wurde 1931 an die AEG verkauft und einer der Söhne, Ernst von Borsig, zog sich auf das Gut in Groß Behnitz zurück. Ab 1933 übernahm sein Sohn Ernst von Borsig jr. die Leitung des Guts.

Er war Teil der Widerstandsgruppe »Kreisauer Kreis«, die sich zwischen 1941 und 1944 mehrmals auf dem Gut traf und deren Mitglieder im Gäste- und Logierhaus am See übernachteten. Ende April 1945, kurz vor dem Ende des Zweiten Weltkriegs, erreichten die Sowjets das Gut. Ernst von Borsig jr. starb in sowjetischer Gefangenschaft, die Familie gab das Gut auf. Flüchtlinge zogen in das Schloss ein und verursachten einen kleinen Brand, der als Anlass genommen wurde, das herrschaftliche Haupthaus 1948 abzureißen. Während der

Seeterrasse, Groß Behnitzer See

Portal, Innenhof mit Rinderstall und Haus des Gutsverwalters, Brennerei

DDR-Zeit hatte eine LPG auf dem Areal ihr Domizil, das Gäste- und Logierhaus wurde als Kindergarten genutzt. Nachdem die LPG 1990 das Landgut verlassen hatte, verwahrloste das Anwesen.

Erst der Kauf durch Michael Stober im Jahr 2000 und die Umwandlung zum Landgut Stober ließen das Gut Borsig zu einer der beeindruckendsten Gutsanlagen in Brandenburg werden. Die Wirtschaftsgebäude aus dem typischen rötlichen Ziegelmauerwerk, die den Innenhof umschließen, wurden saniert und neuen Nutzungen zugeführt. Die vielfältigen Angebote an Übernachtungen auf dem Gut, zum Beispiel im Bio-Hotel oder im historischen Gästehaus direkt am See, aber auch viele Veranstaltungen, das gepflegte Restaurant und der alte Landschaftspark am See lassen das Landgut Stober besonders erscheinen.

Das Bio-Hotel befindet sich in einem historischen und in einem neu errichteten Flügel entlang der Straße, der das Areal räumlich schließt. In der Verlängerung des neuen Hotelflügels folgt der ehemalige Rinderstall, der auf zwei Etagen zu Veranstaltungsräumen ausgebaut wurde. Das anschließende Haus des früheren Gutsverwalters erinnert in seiner Bauweise mit einem Türmchen an italienische Villenarchitektur. In ihm sind ein Standesamt mit Trauzimmer und Salons für die Hochzeitsgäste untergebracht. Auf der anderen Seite des Hofes stehen der ehemalige Kornspeicher und die Brennerei, in der eine Dauerausstellung zur Widerstandsgruppe »Kreisauer Kreis« gezeigt wird.

Zwischen den beiden Gebäuden ragt der Schornstein der Brennerei in die Höhe, auf dem im Sommer ein Storch nistet. Wo das Restaurant »Seeterras-

Logierhaus, Restaurant Seeterrassen

sen« mit seinem herrlichen Blick über den Park zum Behnitzer See die Gäste anlockt, waren früher der Kälberstall und das Geflügelhaus untergebracht. Und auch ein Hofladen ist auf dem Gutsgelände beheimatet, der die Besucher einlädt, regionale Spezialitäten mit nach Hause zu nehmen.

Im Park an dem fischreichen See wachsen alte Bäume wie die 250 Jahre alten Sumpfzypressen oder Ulmen. Auch zwei asiatische Platanen, die Alexander von Humboldt von einer Forschungsreise mitbrachte, gedeihen hier noch immer. Neben dem Bio-Hotel bietet das historische Gäste- und Logierhaus am See ebenfalls Übernachtungsmöglichkeiten.

LANDGUT STOBER

Landgut Stober Kontor GmbH & Co KG
Inhaber: Michael Stober
Behnitzer Dorfstraße 27–31, 14641 Nauen OT Groß Behnitz
Tel.: 033239-208 065
info@landgut-stober.de
www.landgut-stober.de

Restaurant Seeterrassen
Tel.: 033239-208 066

Vom »Festen Haus« zum Barockschloss
Schloss Ziethen

Das Schloss Ziethen im Kremmener Ortsteil Groß-Ziethen ist ein nobles Hotel mit einer harmonisch in die historischen Räume eingefügten Ausstattung, mit einem feinen Restaurant und mit einem traumhaften Landschaftspark, den ehrwürdige alte Bäume zieren. Die Zufahrt liegt an der Alten Dorfstraße des abseits gelegenen kleinen Straßendörfchens, das auf eine lange Vergangenheit zurückblickt.

Groß-Ziethen wurde 1313 zum ersten Mal urkundlich erwähnt, 1355 gelangte die Familie von Bredow erstmals in den Besitz des Dorfes. Die Familie errichtete ein zu jener Zeit beim Adel geschätztes »Festes Haus«, ein großes Gebäude mit mehreren Etagen und extra dicken Mauern, von dem heute noch das Gewölbe erhalten ist. Während des Dreißigjährigen Kriegs, der zwischen 1618 und 1648 auch in Brandenburg wütete, wurde das »Feste Haus« zerstört. Bei seinem Wiederaufbau 1718 wurde es erweitert, aufgestockt und im barocken Stil gestaltet. Unter anderem zeugt noch das beeindruckende Holztreppenhaus von dieser Zeit. Das barocke Herrenhaus wurde im späten 19. Jahrhundert um die Seitenflügel im neoklassizistischen Stil erweitert.

Unter den zahlreichen Besitzern des Gutes war von 1799 bis 1843 auch der spätere Generalfeldmarschall Fürst Blücher. Im 19. Jahrhundert erwarb Ottonie von Massow, geborene von Bülow, das Anwesen, es blieb bis zum Ende des Zweiten Weltkriegs in Familienbesitz. Bevor die russische Armee Groß-Ziethen erreichte, flüchtete der damalige Schlossherr Friedrich von Bülow. Das Schloss wurde geplündert und als Lazarett verwendet. Zur DDR-Zeit waren hier ein Kindergarten und Kulturräume untergebracht.

In den beiden Obergeschossen des Schlosses sind heute dreißig stilvoll ausgestattete Gästezimmer eingerichtet, drei Salons, die Bibliothek, das Kaminzimmer und ein Schlosssaal befinden sich im Erdgeschoss. Häufig finden dort Konzerte statt. Als Foyer dient im Sommer die breite, erhöht liegende Parkterrasse. In der lichtdurchfluteten ehemaligen Orangerie bietet das überregional bekannte Restaurant »Orangerie« kulinarische Hochgenüsse. In solch einem prachtvollen Herrenhaus wird selbstverständlich auch gerne geheiratet. Standesamtliche oder freie Trauungen finden im »Pleasureground« des Parks oder in einem barocken Saal des Schlosses statt, kirchliche Trauungen in der gegenüberliegenden alten Dorfkirche.

Der ehemalige Gutshof in der Nachbarschaft, der zum Anwesen gehört, wird behutsam renoviert. Im Kornspeicher, der von 1998 bis 2000 wiederaufge-

Schlossterrasse zum Park, Blick von der Straße, Skulpturen von Janine von Thüngen

baut wurde, sind 13 Gästezimmer und ein Saunabereich untergebracht. In dem 2012 sanierten Rosenhaus, in dem sich früher die Dorfschule befand, werden heute Tagungen und andere Veranstaltungen ausgerichtet.

Ursprünglich war der Schlosspark als Nutzgarten mit Gemüsebeeten und Obstbäumen angelegt. Ab dem 18. Jahrhundert wurde er nach und nach in einen Landschaftspark umgestaltet und fasziniert seine Besucher heute mit dem alten Baumbestand. Die Wege durch den Park führen an modernen Skulpturen vorbei, ein Wassergraben umspült eine Insel, auf der als ältestes nachweisbares Gebäude eine Burg stand. Eine eigene kleine Schafherde pflegt die Grünflächen auf natürliche Weise.

Als Edith Freifrau von Thüngen-Reichenbach, geborene von Bülow, das frühere Familienschloss 1993 zum ersten Mal besuchte, sah das Areal ganz anders aus. Schloss und Park waren vernachlässigt, die unterschiedlichen Nutzungen und Umbauten hatten ihre Spuren hinterlassen. Zusammen mit ihrem

Barockes Treppenhaus

Mann, dem Architekten Herwig Kroll, übernahm die Freifrau das baufällige Gebäude und machte sich mit Hilfe ihrer Familie und mit Unterstützung der Gemeinde an die aufwändige Renovierung des Schlosses mit seiner jahrhundertealten Geschichte. Seit seiner Eröffnung 1997 wird es von der Familie von Thüngen-Reichenbach geführt.

SCHLOSS ZIETHEN

Hotel und Restaurant
Inhaber: Familie von Thüngen-Reichenbach
Alte Dorfstraße 33, 16766 Kremmen OT Groß-Ziethen
Tel.: 033055-950
info@schlossziethen.de
www.schlossziethen.de

Restaurant Orangerie
Öffnungszeiten: Montag bis Freitag 17–21 Uhr, Samstag, Sonntag und an Feiertagen: Warme Küche 12–14.30 Uhr und 17.30–21 Uhr, Nachmittagskarte: 14.30–17.30 Uhr

Wie ein Dorfplatz sollte der Schlosshof wirken, und so umstehen langgestreckte Fachwerkhäuser, eine erhabene Feldsteinkirche und das Schloss einen
Platz, in dessen Mitte sich ein von einer Haubenspitze auf vier Säulen gekrön-
ter Brunnen befindet. Der sogenannte Kaiserbrunnen war 1895 ein Geschenk
von Kaiser Wilhelm II. Heute steht eine Replik im Schlosshof, der echte Brunnen wurde 1950 zerstört. Die Anmutung eines Dorfplatzes ist jedoch geblieben.

Der Kaiser war gern auf Gut Liebenberg zu Gast, denn bei den Jagdgesell-
schaften des Gutsherrn, seines Freundes und Beraters Graf Philipp zu Eulenburg, ab 1900 im Fürstenstand, lief in den umliegenden Wäldern genügend
Wild vor die Flinten der Jäger. Die letzte Kaiserjagd fand 1906 statt. Philipp zu
Eulenburg wurde 1907 in einen politischen Skandal verwickelt, bei dem ihm
Homosexualität vorgeworfen wurde – damals ein Straftatbestand. Es kam zwar
nie zu einem Urteil, doch aus Imagegründen jagte der Kaiser künftig anderswo.

Nach dem Tod Philipp von Eulenburgs übernahm 1907 sein Sohn Friedrich
Wend das Gut und führte es durch den Ersten Weltkrieg und die wirtschaftli-
chen Krisen der 1920er Jahre. Nach Ende des Zweiten Weltkriegs flüchtete die
Familie von Eulenburg vor der sowjetischen Armee und das Anwesen ging in
den Besitz der SED über, die es zum Schulgut der Parteihochschule machte.
Das zum Areal gehörige Seehaus, ein architektonisches Kleinod am Großen
Lankesee, nutzte die SED als Erholungsheim für Parteifunktionäre. Es wurde
später zum Sperrgebiet, weil hochrangige Persönlichkeiten der Partei die idyllische Lage am See ungestört genießen wollten.

Nach wechselnden Pächtern, die sich nach 1989 die Schlossklinke in die
Hand gaben, erwarb zur Jahrtausendwende die DKB AG die Immobilie, nahm
Geld in die Hand und entwickelte Schloss und Seehaus zum Schloss- und Ta-
gungshotel. 2005 übernahm die DKB Stiftung für gesellschaftliches Engage-
ment das Anwesen. Mit unterschiedlichen Baumaßnahmen setzte und setzt
sich die Stiftung für die Sanierung und den Erhalt der denkmalgeschützten
Bauten und Flächen ein. Unter anderem wurde der von Landschaftsarchitekt
Peter Joseph Lenné angelegte Park wiederhergestellt.

In Gedenken an die Enkelin Philipp von Eulenburgs wird die Schlosskapelle Libertas-Kapelle genannt. Libertas Schulze-Boysen und ihr Ehemann
Harro Schulze-Boysen waren Mitglieder der Widerstandsgruppe »Rote Kapelle«. Einen Teil ihrer Kindheit hatte Libertas auf Gut Liebenberg verbracht,
auch ihre Hochzeit feierte sie dort. Nach ihrer Verhaftung durch die Gestapo

Blick vom Landschaftspark von Peter Joseph Lenné, Gutshofladen in der früheren Gaststätte »Roter Hirsch«

und ihrer Verurteilung wurden Libertas und Harro 1942 in Berlin-Plötzensee hingerichtet. Die Kapelle zeigt eine Ausstellung über das Leben ihrer Namensgeberin.

Auf Gut Liebenberg wird Forstwirtschaft betrieben, und zahlreiche Nutztiere wie Gänse, Enten, Schafe und Uckermärkische Rinder bevölkern den Hof. Die Schlossgärtnerei liefert saisonale Produkte für das Restaurant und den Gutshofladen. Die gutseigenen Hühner legen frische Eier und das im Restaurant angebotene Wildbret stammt von Wild aus den Liebenberger Wäldern. Diese Frische schmeckt man!

Auch der Schriftsteller Theodor Fontane war von Schloss Liebenberg überaus angetan und widmet sich dem Anwesen in seinen »Wanderungen durch die Mark Brandenburg« und in dem Buch »Fünf Schlösser«. Die Faszination, die von dem Anwesen ausgeht, hat sich bis heute erhalten. Wer sich als Ruhe- und Erholungssuchender wie ein Fürst fühlen möchte, hat mit Gut und Schloss Liebenberg die richtige Wahl getroffen. Die Gästezimmer und Suiten im Schloss und im Seehaus bieten einen hohen Komfort und lassen den Alltag vergessen. Ganz gleich, ob man mit der Kutsche oder dem E-Bike anreist, für alles ist gesorgt, denn eine schlosseigene Ladestation für E-Bikes zählt zum guten Hotelservice.

SCHLOSS & GUT LIEBENBERG

Parkweg 1a, 16775 Löwenberger Land OT Liebenberg
Tel.: 033094-70 00
hotel@schloss-liebenberg.de
www.schloss-liebenberg.de

Gutshofladen Schloss & Gut Liebenberg
Parkweg 4, 16775 Löwenberger Land OT Liebenberg
Tel.: 033094-705 510
Öffnungszeiten: Mittwoch bis Sonntag 11–19 Uhr

Historische Mühle am Mühlenfließ

Mühle Tornow

Noch immer verbindet das Mühlenfließ die Havel mit dem östlichen Wentowsee. Doch seit vor Jahren das Mühlrad abgebaut wurde, plätschert hier kein Wasser mehr und das Mühlenfließ strahlt die Ruhe eines mit Schilf umwachsenen Teiches aus. Der Sommergarten, der Biergarten und die bequemen Lounge-Sessel im Garten der 1873 erbauten Wassermühle Tornow laden zum Entspannen und Genießen ein.

Noch bis 1956 drehte sich das Wasserrad, dann wurde die Mühle bis 1989 elektrisch betrieben. Seit 1995 befindet sich die Mühle Tornow im Besitz der Familie Schneider, die das Anwesen vor dem Verfall bewahrte. In enger Abstimmung mit dem Denkmalschutz sanierten Vater und Sohn Christian, der Betreiber und Küchenchef der Mühle Tornow, ab 2007 das Mühlengebäude und die Scheune. Im Juli 2010 eröffnete die Mühle Tornow mit Pension und Restaurant. Sieben Doppelzimmer und drei geräumige Suiten mit vier Betten sind in der Mühle, im Bauernhaus und in der ausgebauten Scheune untergebracht. Zwei der Gästezimmer haben einen Balkon zum Sommergarten. Pensionsgäste, die das Fluss- und Seengebiet der Oberhavel mit dem Fahrrad erkunden möchten, können ihre Räder kostenlos unterstellen. Das Restaurant

Sommergarten am Mühlenfließ

Mühlengebäude mit Öffnung für die Welle des Wasserrads am Mühlenfließ, Biergarten

in der stilvoll eingerichteten Mühle bietet brandenburgische Küche mit regionalen Produkten, aber auch internationale Gerichte. Alte Fotos zeigen, dass in der Mühle einst eine Mühlen-Drogerie untergebracht war, die die ländliche Gegend mit Waren versorgte. Und als besonderes Highlight blieb im Gastraum das Mahlwerk der Mühle mit seinem Riemenantrieb erhalten.

In der großen Einfahrt des ehemaligen Getreidespeichers befindet sich heute ein Hofladen mit ausgewählten Erzeugnissen aus der Region wie frischem Obst und Gemüse, Kräutern aus dem Mühlengarten, Honig, Käse oder Wurstspezialitäten. Die Zeiten, in denen das Wandern zu Fuß des Müllers Lust war, sind wohl vorbei, und so wird heute nicht nur zu Lande, sondern auch zu Wasser und auf Rädern gewandert – und wer sich etwas Gutes tun möchte, gönnt sich dabei eine kleine Auszeit in der Mühle Tornow und versorgt sich für die Weiterreise mit köstlichem Proviant aus dem Hofladen.

Mit Apartments ausgebaute Scheune, erhaltenes Mahlwerk im Restaurant, Mühlengebäude

MÜHLE TORNOW

Pension, Restaurant und Hofladen
Inhaber: Christian Schneider
Neue Straße 1, 16798 Fürstenberg/Havel OT Tornow
Tel.: 033080-404 850
info@muehle-tornow.de
www.muehle-tornow.de

Restaurant
Öffnungszeiten: März bis April und Oktober bis Dezember: Dienstag bis Freitag 17 – 22 Uhr,
Samstag, Sonntag sowie an Feiertagen 11.30 – 22 Uhr
Mai: Dienstag bis Sonntag 11.30 – 22 Uhr
Juni bis September: täglich von 11.30 – 22 Uhr

Idylle am Wasser
Landhaus Himmelpfort am See

Den Sinn für einen guten Standort muss man den Mönchen des Zisterzienserordens zugestehen, die im 14. Jahrhundert ihr Kloster auf einem schmalen Landstreifen erbauten, der von vier Seen umgeben war: vom Stolpsee, durch den die Havel fließt, vom Sidowsee, vom Moderitzsee und vom Haussee, zu dessen Ufer sie Zugang hatten. Einen ähnlich guten Riecher für eine besondere Hanglage an eben jenem Haussee hatte einige Jahrhunderte später auch Moritz Michaelis, der in dem Dörfchen Himmelpfort eine Sägemühle betrieb. Unter dem Namen »Haus Eichberg« baute er 1921 ein als Pension und Gaststätte geführtes Landhaus im Stil einer anmutigen Villa. Schon bald war es in der Region eines der bekanntesten und beliebtesten Gasthäuser. Die wunderschöne Lage am See, fließendes Wasser und Zentralheizung sowie Unterstellplätze für Autos machten die Pension zu einem luxuriösen Quartier. Der gute Service rundete das Ganze ab.

Während der Zeit des Nationalsozialismus wurde die jüdische Familie Michaelis vermutlich dazu gedrängt, das »Haus Eichberg« zu verkaufen und Deutschland zu verlassen. Wie ihre Geschichte weiterging, ist heute leider nicht bekannt. In den 1940er Jahren wurde das Haus in ein Erholungsheim für

Restaurant Michaelis

Landhaus Himmelpfort am See, Bootssteg des Hotels am Haussee

Berliner Krankenschwestern umgewandelt. Nach Ende des Zweiten Weltkriegs nutzte man das Anwesen bis 1965 als Kinderheim und später als Erholungsheim »Werner Schaumann«.

Nachdem Haus und Grundstück nach dem Fall der Mauer viele Jahre ungenutzt sich selbst überlassen waren, kauften die heutigen Eigentümer das Areal 1996 von den Erben der Familie Michaelis. Seither ist es wieder ein familiengeführtes Hotel mit hervorragendem Ruf. In Erinnerung an die Gründerfamilie wurde das Restaurant, das sich in einem eigenen Landhaus im Park befindet, Restaurant »Michaelis« genannt. Es pflegt die regionale Küche, bietet aber auch moderne internationale Gerichte. Im Sommer können die Gäste auf einer Terrasse frühstücken oder speisen, während ihr Blick über den großen Garten hin zum See schweift.

Niveauvoll und äußerst komfortabel ausgestattete Zimmer und Suiten im Gästehaus sowie in der neu errichteten Remise, die sich harmonisch in das Ge-

Terrasse des Landhauses, Park zum Haussee

samtbild einfügt, laden zum Ausspannen und Erholen ein. Bei dieser schönen Lage am See in einer Ortschaft mit dem klangvollen Namen »Himmelpfort« sind Harmonie und Idylle allgegenwärtig.

LANDHAUS HIMMELPFORT AM SEE

Eichberg 10, 16798 Fürstenberg/Havel OT Himmelpfort
Tel.: 033089-44 00
kontakt@landhaus-himmelpfort.de
www.landhaus-himmelpfort.de

Restaurant Michaelis
Öffnungszeiten saisonal unterschiedlich. Reservierung erbeten.

Mit einer Tiefe von bis zu 69,5 Metern gilt der Stechlinsee als tiefster und mit Sichtweiten bis 13 Meter als klarster natürlicher See in Brandenburg. Sein Name soll sich vom slawischen »steklo« für Glas herleiten. In der Literatur verewigte ihn Theodor Fontane in seinem Roman »Der Stechlin«, in dem er den Sitz eines Adelsgeschlechts an den See verlegte.

Ein Rundwanderweg von etwa 17 Kilometern führt am Ufer entlang und bei der Wanderung lohnt ein Besuch bei Familie Böttcher, die seit Ende des Zweiten Weltkriegs von den Fischen des Stechlinsees lebt. Mittlerweile kann die Familie auf sechs Generationen zurückblicken, die das Fischereihandwerk ausübten. Auch heute fahren Fischer der Böttchers zum Fischen auf den See hinaus. Nach der Wende wurde 1990 der Sprung in den eigenen Betrieb gewagt und die »Fischerei Stechlinsee« gegründet. Mit den Jahren kamen zu der Fischerei, die auf

einer Waldlichtung am See liegt, ein Hofladen, ein Imbiss und ein kleines Restaurant hinzu. Angeboten werden dort Frischfisch, Räucherfisch, Fischbrötchen und warme Fischgerichte nach gutbürgerlicher Fischerart. Alle Fischarten aus dem Stechlinsee stehen auf der Karte. Je nach Fang und Jahreszeit kommen Kleine Maräne, Aal, Hecht, Flussbarsch, Schlei, Plötze, Aalquappe und Blei auf den Teller. Weitere Arten, die nicht im Stechlinsee vorkommen, werden von Fischereien aus der Umgebung bezogen. Wenn von der Terrasse der Blick über die Anlegestellen der Boote zum ruhig daliegenden See geht, es aus der Räucherei nach Holzfeuer riecht und der Duft von Maräne mit Bratkartoffeln in die Nase steigt, ist der hektische Alltag ganz weit entfernt.

FISCHEREI STECHLINSEE

Inhaber: Böttcher & Sohn GbR
Fischerweg 3, 16775 Stechlin OT
Neuglobsow
Tel.: 033082-704 22
fischerei-stechlinsee@freenet.de
www.fischerei-stechlinsee.de

Öffnungszeiten: April bis Oktober:
Dienstag bis Sonntag 10–18 Uhr
November bis März: Freitag bis Sonntag
11–17 Uhr

Hofladen
Ziegenkäserei Karolinenhof

Einen Spaziergang entfernt vom Ort Kuhhorst im Havelländischen Luch liegt auf freiem Feld die Ziegenkäserei Karolinenhof. Ungefähr 130 Tiere umfasst die Milchziegenherde. In der zweiten Hälfte des Januars kommen die ersten Lämmer zur Welt und die Ziegen geben kontinuierlich Milch und können gemolken werden. Die Käseproduktion läuft an und Mitte Februar öffnen der Hofladen und das Café. In den noch kühlen Monaten sitzt man in einem warmen Wintergarten mit Ausblick auf ein weites Feld. Im Spätsommer dürfen dann die Böcke zu den Ziegen, damit es auch im folgenden Jahr wieder Zicklein und Milch gibt.

Wenn im Spätherbst die Milch weniger wird und die Kraniche auf ihrem Flug in den Süden zu Tausenden das Luch besuchen, geht die Saison auf dem Karolinenhof zu Ende. Im Hofladen werden verschiedene Sorten von Ziegenfrischkäse bis hin zu hartem, gereiftem Ziegenkäse angeboten. Im Café des Karolinenhofs, im Sommer auf der Wiese vor dem Hofladen, stehen verschiedene Frühstücksangebote mit Ziegenkäse auf der Karte, wechselnde warme Gerichte und eine Auswahl tagesfrischer Torten und Kuchen – natürlich ist auch ein hausgemachter Ziegenkäsekuchen mit dabei!

ZIEGENKÄSEREI KAROLINENHOF

Inhaber: Angermann und Spindler GbR
Karolinenhof 1, 16766 Kremmen OT Kuhhorst
Tel.: 033922-601 90
info@guter-ziegenkaese.de
www.guter-ziegenkaese.de

Hofladen und Wiesencafé
Öffnungszeiten: Ungefähr Mitte Februar bis Mitte November: Freitag 11–19 Uhr, Samstag, Sonntag und an Feiertagen 9–19 Uhr

Ausspannen im Vierseithof

Die Märkischen Höfe

An der ruhigen Dorfstraße von Netzeband liegt das familiengeführte Landhotel »Die Märkischen Höfe«. Das kleine Expo-2000-Dorf Netzeband, das jedes Jahr Schauplatz eines überregional bekannten Theatersommers ist, war früher eine Exklave des Großherzogtums Mecklenburg-Schwerin und die südlichste mecklenburgische Gemeinde. Bis Netzeband 1937 von Mecklenburg an Preußen überging, hatten die Preußen keinen Zugriff auf das kleine mecklenburgische Dorf und so soll es schon zu Zeiten des Alten Fritz Zufluchtsstätte für getürmte Rekruten aus der Neuruppiner Garnison gewesen sein.

Das Landhotel »Die Märkischen Höfe« befindet sich in einem ehemaligen Vierseithof. Das Hauptgebäude im Stil eines Landhauses öffnet gleich an der Straße seine Pforten. Das Bauernhaus wurde zu Beginn des 20. Jahrhunderts erbaut und beheimatet heute vier Apartments.

Im idyllischen Hof des ehemaligen Bauernguts stehen zwischen Hecken und unter Bäumen Tische und Stühle des Restaurants »Clavis«, das in einem ehemaligen Stall untergebracht ist. Es ist weithin bekannt für seine leckeren Wildgerichte. In demselben Backsteingebäude sind drei Ferienwohnungen eingerichtet und im gegenüberliegenden Gebäude laden neun Doppelzimmer,

Tor zum Vierseithof und Restaurant »Clavis«

Apartments mit Zugang zum Garten, Gartenwirtschaft im Innenhof

ein Einzelzimmer und ein Apartment zum Übernachten ein. Der alte Gutshof, dessen Unterkünfte allesamt im gemütlichen Landhausstil eingerichtet sind, ist also gerüstet für alle Wünsche und Bedürfnisse.

Liegestühle und Sessel im Freien warten auf Ruhe suchende Besucher und auch eine Sauna lädt zum Entspannen ein. Der Vierseithof wird von einem Pferdestall geschlossen, in dem neben Pferden auch Ponys stehen. Unter Anleitung und Betreuung können die Tiere gepflegt, gefüttert und in der schönen Landschaft ausgeritten werden. Durchquert man den Pferdestall, öffnet sich der etwas tiefer gelegene, weitläufige Garten mit seiner großen Wiese und den beeindruckenden alten Eichen, der schnell alle Hektik des Alltags vergessen lässt.

Apartments in einem Seitenflügel, Park, Lounge im Innenhof

DIE MÄRKISCHEN HÖFE

Inhaber: Frenzi Penzi GmbH
Dorfstraße 11, 16818 Temnitzquell OT Netzeband
Tel.: 033924-89 80
info@maerkischehoefe.com
www.maerkischehoefe.com

Restaurant Clavis
Tel.: 033924-898 30
restaurant-clavis@arcor.de

Die kleine Ortschaft Rühstädt an der Elbe ist weithin als Storchendorf bekannt. An keinem anderen Ort in Deutschland brüten so viele Störche wie auf den Dächern und Giebeln der Backsteinhäuser dieses Dorfes in der Prignitz. Um die 30 Storchenpaare beziehen hier Jahr um Jahr ab März ihre Nester. In den Feuchtwiesen der Elbtalaue finden die Störche reichlich Nahrung und manchmal stolzieren sie sogar hinter einem Traktor her, wenn dieser die Erde aufwühlt und Leckerbissen zum Vorschein kommen lässt. Im August und September machen sich die Jung- und Altstörche wieder auf in ihr Winterquartier in Afrika. Das Besucherzentrum Rühstädt bietet vielfältige Informationen zur Natur des UNESCO-Biosphärenreservates Flusslandschaft Elbe Brandenburg und zum Europäischen Storchendorf.

Der Elberadweg auf dem Elbdeich führt am Schlosspark Rühstädt vorbei. Das Gartendenkmal ist ein romantisch verwilderter Gutspark mit teils 200 Jahre alten Bäumen. Das Gut ging 1780 in den Besitz derer von Jagow über. Der Gutsbesitzer Friedrich von Jagow ließ 1823 den im Barockstil angelegten Lustgarten zu einem Landschaftspark umgestalten. Der Barockgarten war mit dem Neubau des Schlosses 1782 unter Georg Otto Friedrich von Jagow entstanden,

Schloss Rühstädt

den man anstelle eines abgebrannten Vorgängerbaus errichtet hatte. Dabei wurde ein vorhandener Wassergraben in die Landschaftsgestaltung mit einbezogen. Noch heute führt eine Brücke über einen Graben zum Schloss.

Das Schloss war das ehemalige Herrenhaus einer zuletzt großen Gutsanlage mit mehreren Wirtschaftsgebäuden, von denen heute nur noch einige erhalten sind. Nach Ende des Zweiten Weltkriegs wurde der Besitz der Adelsfamilie geplündert und enteignet. Bevor ein Altersheim einzog, waren die Gebäude von Vertriebenen bewohnt. Nach der Wende 1989/90 wurden Schloss und Parkanlage wieder instandgesetzt. Nachdem ein Privatmann das Schloss gekauft und saniert hatte, ist seit 2002 ein Hotelbetrieb dort untergebracht.

Das liebevoll im klassischen Stil eingerichtete Schlosshotel Rühstädt wird als »Hotel Garni« betrieben. Bei einigen der 13 Gästezimmer gehen die Fenster zum ruhigen Schlosspark hinaus und in der Suite sorgt ein Himmelbett für Entspannung. Eine kleine Bibliothek mit gemütlicher Leseecke lädt zum Verweilen ein. Der Wellnessbereich besteht aus einer kleinen Sauna, Solarium und Ruheraum. Dazu wird eine Vielzahl von Anwendungen wie Massagen, Entspannungsbäder, Körperbehandlungen oder Gesichtskosmetik angeboten.

Über die gesamte Länge des Gebäudes erstreckt sich eine mit Rasen bewachsene Terrasse zum Park, in den eine Freitreppe hinunterführt. Bei einem Spaziergang durch den Schlosspark und das idyllische Dörfchen oder bei einer Radtour auf dem Elberadweg mit frischer Luft und einem Blick in die weite Auenlandschaft findet man einen erholsamen Abstand vom Alltag. Und im Frühjahr und Sommer sind garantiert Störche zu sehen.

SCHLOSSHOTEL RÜHSTÄDT GARNI

Inhaber: Torsten Foelsch
Schloss 1, 19322 Rühstädt
Tel.: 038791-808 50
info@schlosshotel-ruehstaedt.de
www.schlosshotel-ruehstaedt.de

Ein Burghotel mit NaturPoesieGarten und AuenReich

BioHotel Burg Lenzen

Im nordwestlichen Zipfel Brandenburgs liegt im Vierländereck, in dem Mecklenburg-Vorpommern, Niedersachsen, Sachsen-Anhalt und Brandenburg sich zusammenfinden, das alte Elbstädtchen Lenzen. Am Marktplatz stehen Fachwerkhäuser, aus der alten Stadtmauer ragt ein Stadtturm in die Höhe und der Besucher wird verzaubert vom ehrlichen Charme einer Ortschaft, über die noch kein dem Tourismus geschuldetes Verschönerungsprogramm hinweggefegt ist.

Der Rudower See liegt in der Nachbarschaft und das Flüsschen Löcknitz schlängelt sich am Ort vorbei. Über den Dächern der Stadt thront auf einem Hügel die Burg Lenzen mit ihrem markanten Turm. Als slawische Festung erbaut, wurde sie 929 zum ersten Mal erwähnt. Aus der Ansiedlung des slawischen Stamms der Linonen am Fuße des Burghügels ging die Stadt Lenzen hervor. Die gute Lage an der Elbe und an Handelswegen haben Stadt und Burg im Laufe der Geschichte Wohlstand, aber auch Zerstörung, Wiederaufbau und Wandel beschert. Zwei Feuersbrünste zerstörten das Städtchen, mehrmals wechselten die Besitzer von Stadt und Burg. Nach Ende des Zweiten Weltkriegs wurde die Burg 1953 enteignet, zur DDR-Zeit wurde sie als Seniorenheim genutzt. Nach der Wende 1989/90 konnte eine Nachkommin der früheren Besitzerfamilie Renner die Burg zurückgewinnen, und zur großen Überraschung schenkte sie das Anwesen 1993 der Naturschutzorganisation BUND, verbunden mit dem ausdrücklichen Wunsch, dass die Burg im Sinne des Umwelt- und Naturschutzes erhalten und genutzt werden möge. In einem Teil der Burg eröffnete ein Museum mit einem Ausstellungsraum zur Stadtgeschichte Lenzens, ein Tagungs- und Besucherzentrum wurde angeschlossen. Im BUND-Besucherzentrum kann man sich umfassend über die Elbtalauen im UNESCO-Biosphärenreservat Flusslandschaft Elbe informieren, das vor der Tür liegt.

In den anderen Gebäuden der Burg hat sich seit 2006 ein Biohotel mit Restaurant etabliert. Von der Burgterrasse schweift der Blick über die Stadt, die wunderbare Landschaft und den schmuck angelegten Park mit seinem alten Baumbestand, der gleichzeitig Obst- und Kräutergarten für die Restaurantküche ist. Der historische Parterregarten wurde zu einem NaturPoesieGarten umgewidmet. Neun Kunstwerke mit naturphilosophischen Zitaten entlang des Weges schaffen eine Verbindung von Natur und Poesie. Überquert man im Burggarten eine Steinbrücke, gelangt man ins AuenReich. Auf einem circa 400

Blick vom Park auf Schloss Lenzen, Restaurant, Kaminzimmer

Meter langen Rundweg erstreckt sich hier ein interaktives Erlebnisgelände. An mehreren Stationen werden die Funktionen von Flussauen und ihre beeindruckende Biodiversität präsentiert.

Das Hotel in der Burg beherbergt mehrere Gästezimmer und eine Suite. Ein heimeliges Kaminzimmer dient als Lounge. Weitere Zimmer befinden sich in der »Historischen Burgschule«. Das langgestreckte Backsteinfachwerkgebäude steht am Fuße des Burghügels. Alle Zimmer in der Burgschule wie auch in der Burg selbst sind mit Holzmöbeln in modernem Design eingerichtet.

Das traditionsreiche Städtchen Lenzen, das Burghotel über der Stadt, das Burgrestaurant mit frischer, regionaler Bioküche, der romantische Burgpark und die besonderen Elbtalauen ergänzen sich wunderbar zu einem Ausflugsort, an dem Erholung und Naturerlebnis garantiert sind.

Aufgang zu Schloss Lenzen, Parterregarten mit Brunnenfigur, Restaurantterrasse

BIOHOTEL BURG LENZEN

Burgstraße 3, 19309 Lenzen/Elbe
Tel.: 038792-507 83 00
burghotel@burg-lenzen.de
hotel.burg-lenzen.de

Burgrestaurant
Tel.: 038792-507 83 61

BUND-Besucherzentrum Burg Lenzen
Burgstraße 3, 19309 Lenzen/Elbe
Tel.: 038792-12 21
info@burg-lenzen.de
www.burg-lenzen.de

Hinterm Elbdeich im Grünen
Pension Elbeglück

Die Elbe ist vom Elbdeich aus nur bei Hochwasser zu sehen, in trockenen Sommern fließt sie ein paar hundert Meter entfernt und ist vom Schilf verdeckt. Dass man sich dennoch in der Nähe des Flusses befindet, signalisieren Gänse, Störche und Kraniche, die über die Köpfe der Spaziergänger hinwegfliegen. Vom Deich führen Wege durch Überflutungsgebiete und Auwaldreste mit einer selten gewordenen Flora und Fauna zum Flussufer. Viele vom Aussterben bedrohte Arten finden hier großflächige Lebensräume. Unendlich scheint der Weg auf dem Damm zu sein, der fruchtbares Ackerland von der Auenlandschaft der Elbe trennt.

Gleich hinter dem Deich gelangt man nach Mödlich, einem Teil von Lenzerwische. Verstreut liegen hier einfache Bauernhäuser, umgeben von Obstgärten. Eine beachtenswerte Dorfkirche aus dem Jahr 1486 steht zwischen hohen Bäumen. Alles macht einen ruhigen und friedlichen Eindruck. Im Gartencafé von Frîa Hagen und Volker Warning sind die Tische gut besucht. Ausflügler schieben ihre Räder vom Deich herunter, auf dem der Elbradweg entlangführt, Spaziergänger trinken Kaffee und essen Kuchen und hungrige Autofahrer, die das handgemalte Schild an der entfernten Straße entdeckt haben, bestellen

Elbdeich, Auenlandschaft der Elbtalaue

Gartenlokal »Am Elbdeich«, Pension Elbeglück, Ferienhaus und Scheune

eine Wildschweinbratwurst mit Kartoffelsalat. Ob der Begriff Café zutreffend ist, bleibt offen. Es ist eigentlich eher das, was man eine offene Bretterbude nennen würde, aber ganz sicher ist es die gemütlichste Bude in der ganzen Gegend. Die Tische auf der Wiese scheinen jedem zuzurufen, dass hier eine andere, eine ruhigere Zeit Einzug gehalten hat. Das Café hat nur den Sommer über geöffnet. Bester Kaffee, selbstgebackener Kuchen, regionale Gerichte und Durstlöscher stehen auf der Karte.

In der Nachbarschaft steht ein schönes Backsteinhaus, in dem die emsige Wirtin Frîa Hagen und ihr Partner Volker Warning einfache, aber schön eingerichtete Gästezimmer und Ferienwohnungen vermieten. Für Gäste, die mit der Bahn zu diesem abgelegenen Fleckchen Erde reisen, wird ein Abholservice organisiert.

Vor Jahren hat es das Fotografenpaar hierher verschlagen. Inzwischen vermieten sie nicht nur Apartments, sondern auch ganze Ferienhäuser im Dorf. Ein paar der alten aparten Bauernhäuser haben sie zu Ferienunterkünften umgebaut. Die Wohnungen und Häuser haben unterschiedliche Größen und Bettenanzahl.

Der Clou sind die Ferienwohnungen im alten Pfarrhaus aus dem Jahr 1865. Vor der Renovierung hatte es jahrelang leer gestanden. Denkmalgerecht saniert, offenbart es nun seine unauffällige Eleganz auf einem parkähnlichen Grundstück. Vom Café und der Pension Elbeglück ist das Pfarrhaus nur einen Spaziergang entfernt. Der Weg ist einfach zu finden: hoch auf den Elbdeich und dann immer geradeaus. Nur die Richtung muss noch stimmen.

ELBEGLÜCK – PENSION AM ELBDEICH

Inhaber: Frîa Hagen und Volker Warning
Lenzener Straße 13, 19309 Lenzerwische GT Mödlich
Tel.: 038792-77 90
mail@pension-am-elbdeich.de
www.pension-am-elbdeich.de

Nordosten

Englischer Tudorstil in Brandenburg
Schloss Reichenow

Wie ein Schmuckstein leuchtet das weiße Schloss Reichenow zwischen den alten Bäumen des Schlossparks. August Freiherr von Eckardstein ließ es in den Jahren 1897 bis 1900 im Stil der englischen Neogotik mit Gutshof und Park am Nordende des Dorfes Reichenow errichten. Englische Landsitze aus der Tudorzeit dienten ihm als Anregung. Während vor dem Schloss eine repräsentative Zufahrt um eine Parkinsel führt, die Teil des 25 Hektar großen Schlossparks ist, zieht sich auf der Rückseite ein englischer Park zum natürlichen Langen See mit seiner Schilflandschaft hinunter.

Vom im Hochparterre gelegenen Restaurant, von der zweiläufigen Freitreppe und von den Tischen und Liegestühlen auf der Wiese geht ein grandioser Blick in ein, wie es scheint, unberührtes Tal zu einem See mit einer Badestelle. Die Höhenunterschiede der eiszeitlichen Hügellandschaft zeigen sich von ihrer reizvollsten Seite. Obwohl das Schloss seit der Flucht der Eigentümerfamilie 1945 vor der anrückenden sowjetischen Armee mehrere Nutzungen erdulden musste, blieb es glücklicherweise von verändernden Umbauten und Umgestaltungen verschont. So waren in seinen Räumen unter anderem eine Schule, ein Kindergarten, ein Frisiersalon, ein Lebensmittelladen, eine Kneipe, Wohnungen und mehrere Jahre ein bekanntes Hochzeitshotel untergebracht.

Wie zu seiner Erbauungszeit zeigt das zweigeschossige, repräsentative Schloss vorgebaute Loggien, Balkone mit Balustraden, zahlreiche Ecktürmchen und umlaufende Zinnen. In einigen Räumen sind noch originale Bodenbeläge, Wand- und Deckenverkleidungen und in der Küche die ursprünglichen Wandfliesen vorhanden. Schloss Reichenow ist damit ein herausragendes Beispiel für den von der englischen Neugotik inspirierten Baustil in Brandenburg.

Das vor einigen Jahren von der Brandenburgischen Schlössergesellschaft, die Eigentümerin ist, sanierte und renovierte Schloss wurde 2017 an die jetzigen Hotel- und Restaurantbetreiber, die Familie Eilers, verpachtet. Geschäftsführer Jan Eilers ist gelernter Koch und Hotelbetriebswirt. Das Hotel und Restaurant Schloss Reichenow wurde mit Möbeln ausgestattet, die gut mit dem Schloss harmonieren. Die meist sehr geräumigen 22 Gästezimmer und Suiten, die Schloss-Feeling aufkommen lassen, sind stilsicher eingerichtet. Ein Kurator kümmert sich um die Auswahl, Hängung und Stellung von zeitgenössischer Malerei und Skulpturen, die im Foyer, im Restaurant, in der Hotelbar,

Lobby des Hotels, Blick in die eiszeitliche Hügellandschaft

Hotelbar in Schloss Reichenow

im Treppenhaus und in den Tagungs- und Veranstaltungsräumen das Schloss bereichern und ein spannendes Miteinander von klassisch und modern erzeugen. Das Restaurant bietet zeitgemäße überregionale Küche, ein Schwerpunkt ist jedoch die Verbundenheit mit der Region. So werden Fische aus der Umgebung in der schlosseigenen Räucherei veredelt. Ein Hauch von Gutshof ist geblieben.

SCHLOSS REICHENOW

Neue Dorfstraße 1, 15345 Reichenow-Möglin
Tel.: 033437-276 628
hotel@schlossreichenow.com
www.schlossreichenow.com

Restaurant
restaurant@schlossreichenow.com

Öffnungszeiten:
Mittwoch bis Freitag 16 – 22 Uhr, Samstag und Sonntag 12 – 22 Uhr

Hier
habe ich
im Frieden
eine
Provinz
erobert,
die mir keinen
Soldaten
gekostet
hat.

1755   1994

Auf den Spuren Friedrichs des Großen

Gasthof und Pension Zum Alten Fritz

Schenkt man den Inschriften auf zwei Kacheln des alten Ofens in der Gaststube Glauben, so geht das große Bauernhaus auf das Jahr 1782 zurück. Zu dieser Zeit regierte der Namensgeber des heutigen Gasthofes mit Pension »Zum
Alten Fritz« noch. Friedrich der Große (1712 bis 1786) veranlasste ab Mitte des
18. Jahrhunderts die Odereindeichung und die Trockenlegung des Oderbruchs
zur Gewinnung von Ackerflächen.

1986 ist das alte Bauernhaus aus der Siedlungszeit zunächst eine Gaststätte
geworden, mittlerweile werden hier auch Übernachtungsmöglichkeiten angeboten. Am alten Pferdestall, der heute zu modernen Unterkünften ausgebaut
ist, erhebt sich imposant ein Zitat des Königs: »Hier habe ich in Frieden eine
Provinz erobert, die mir keinen Soldaten gekostet hat.« Während sich vor dem
Gasthaus ein einladender Biergarten befindet, können sich die Pensionsgäste
hinter dem Haus auf einer Terrasse im üppig blühenden Garten entspannen.
Die modernen Gästezimmer und eine Ferienwohnung laden zum Übernachten
ein und das angeschlossene Restaurant sorgt für das leibliche Wohl. Neben abwechslungsreichen regionalen brandenburgischen Spezialitäten sind besonders die aus den Fischen der Oder und der Seen der Umgebung zubereiteten

Gasthof und Pension im historischen Bauernhaus

Anbau des Bauernhofs, Ofenkacheln, Gartenwirtschaft, Gaststube des Restaurants

Der Alte Fritz im Garten

Gerichte zu empfehlen. Der Wirt Jürgen Dunkel ist ein Nachfahre der Siedler, die vor noch nicht allzu langer Zeit mühsam mit Pferdefuhrwerken hier die Ernte einbrachten.

Das kleine Örtchen Altlewin zeigt sich wie auch der Gasthof herausgeputzt und lädt nicht nur zu einem Spaziergang in der wunderschönen Natur des Oderbruchs ein, sondern auch zum Dorfkern, wo noch weitere denkmalgeschützte Höfe aus alter Kolonistenzeit erhalten sind.

GASTHOF UND PENSION ZUM ALTEN FRITZ

Inhaber: Jürgen Dunkel
Altlewin 18, 15320 Neutrebbin OT Altlewin
Tel.: 033452-418
info@gasthof-zum-alten-fritz.de
www.gasthof-zum-alten-fritz.de

Öffnungszeiten:
Dienstag bis Samstag 11–22 Uhr
Sonntag 11–15 Uhr

Die heute stark gefährdete Fischart Quappe kam bei Quappendorf so häufig vor, dass sie in den Ortsnamen einging. Nach der Trockenlegung des Oderbruchs sahen sich viele Fischer gezwungen, nach und nach auf Landwirtschaft umzusatteln. Weder auf Fische noch auf Rüben setzen Amelie und Franziska Wetzlar, die eine Herde von rund 60 Milchschafen halten. In Quappendorf haben sie einen alten Hof in eine Milchschäferei verwandelt. In den beiden Nebengebäuden des Dreiseitengehöfts befinden sich die Milchschäferei und die Schafskäserei mit Reiferaum. Die frische Schafsmilch wird zu verschiedenen Sorten Schafskäse, Joghurt und Quark verarbeitet. Alles handgemacht! Die Tiere stehen im Sommer draußen auf der Weide und im Winter, wenn sie keine Milch geben, in einem Offen-Stall mit angrenzender Freifläche. In dieser Zeit bekommen sie neben Heu von den eigenen Weiden ausschließlich Getreide und Futterrüben von Bio-Betrieben aus der Region. Freitag und Samstag öffnen die beiden Schäferinnen ihren Hofladen und bieten ihre selbst hergestellten Waren aus Schafsmilch an. Neben Käse und Milchprodukten landen auch Bio-Lammfleisch und Wurst, Felle und Wolle auf dem Ladentisch. Mit dem Milchschafhof scheinen die Wetzlars ihr Glück gefunden zu haben – es hat sich auf den leckeren Schafskäse übertragen.

MILCHSCHAFHOF PIMPINELLE

Inhaberinnen: Amelie und Franziska Wetzlar
Lindenstraße 20, 15320 Neuhardenberg OT Quappendorf
Tel.: 033476-606 824
hallo@milchschafhof-pimpinelle.de
www.milchschafhof-pimpinelle.de

Hofladen:
Öffnungszeiten: Freitag 16 –18 Uhr, Samstag 10 –13 Uhr

Hofladen
Ziegenhof Zollbrücke

Bei der Zäckericker Loose, einem Ortsteil der Gemeinde Oderaue, handelte es sich um einen ausgelagerten Hof der alten Ortschaft Zäckerick. Sie liegt auf der anderen Seite der Oder in Polen und heißt heute Siekierki. Das Wort »Loose« weist darauf hin, dass das Gehöft durch Landverlosung vergeben wurde. Nach der Oderregulierung bauten die ersten Siedler 1755 eine hölzerne Zollbrücke, die 1806 durch eine Fähre ersetzt wurde. Die Bauern aus Zäckerick nutzten die Brücke, um zu ihren Ländereien im Oderbruch zu gelangen. 1945 wurde der Betrieb der Fähre eingestellt. Am Ortseingang des Wohnplatzes Zollbrücke führt eine schmale Straße etwa 500 Meter über Felder, bis man zum Ziegenhof Zollbrücke gelangt. Auf dem Hof und der naturbelassenen Weide leben 200 Deutsche Weiße Edelziegen einschließlich Nachwuchs und Zuchtböcken. In der hofeigenen Käserei wird die frische Ziegenmilch direkt von Hand veredelt.

Ohne Konservierungs- und Farbstoffe entsteht ein wohlschmeckender Ziegenkäse. Im Hofladen mit kleinem Gastraum werden noch weitere Produkte angeboten wie Frischkäse und Quark, Salami, Ziegenfleisch auf Vorbestellung oder Ziegenmilchreis. Aus der hofeigenen Ziegenmilch stellt ein befreundeter Eismacher auch Speiseeis her. Wer Eis aus Ziegenmilch kosten möchte, hat hier die Wahl zwischen den Geschmacksrichtungen Schokolade, Vanille und Erdbeere.

ZIEGENHOF ZOLLBRÜCKE

Inhaber: Michael Rubin
Zollbrücke 20, 16259 Oderaue
OT Zäckericker Loose
Tel.: 033457-50 65
ziegenhof@gmx.de
www.ziegenhof-zollbruecke.de

Hofladen:
Mit der Glocke bimmeln.

Mit Blick über Deich und Oder
Hafenmühle Kienitz

Geschützt hinter dem Deich, auf dem der Oder-Neiße-Radweg verläuft, stehen die Reste der alten Kienitzer Hafenmühle. Das Fischerdorf Kienitz wurde 1234 erstmals erwähnt. Mit der Zeit entwickelte es sich zu einem Bauerndorf. Von einem Damm vor Überschwemmungen geschützt, liegt es direkt an einem Oderarm. Auf der anderen Seite des Gewässers beginnt Polen. Das weitläufige Landschaftsschutzgebiet Odervorland bietet Störchen, Reihern und Wasservögeln ein Zuhause.

In der Dorfmitte steht ein russischer T-34-Panzer auf einem Sockel. Er soll daran erinnern, dass in der letzten Phase des Zweiten Weltkriegs am 31. Januar 1945 bei Kienitz die ersten russischen Panzerverbände die Oder überschritten. Es folgten erbitterte Kämpfe mit den Deutschen, in deren Folge Bauernhäuser, das Pfarrhaus und die Kirche zerstört wurden. Beim Wiederaufbau der Kirche, die heute als Radfahrerkirche Kienitz bekannt ist, erhielt man einen Teil der Ruine als Mahnmal. Schon im 19. Jahrhundert war Kienitz Mühlenstandort und um das angeflößte Holz zu bearbeiten, betrieb hier eine Familie Schröder über mehrere Generationen eine Dampfschneidemühle. Daraus entwickelte sich ein Sägewerk mit den dafür notwendigen Nebengebäuden, die teilweise

Ehemalige Mühle mit Café und Ferienwohnungen

Auenlandschaft, Mühlstein, Ruinen eines Nebengebäudes, Café Hafenmühle

noch erhalten sind. Wie der Hafen im nahen Neuenhagen war die Kienitzer Hafenmühle ebenfalls mit der Eisenbahnlinie verbunden, die entlang der Oder verlief. Die heutige Hafenmühle Kienitz wurde zu Beginn des 20. Jahrhunderts als Getreidemühle errichtet und vermutlich von Anfang an mit elektrischem Strom betrieben.

Bevor Franziska Labes und Jörg Hannemann 2013 begannen, die aus Ziegelstein erbaute Hafenmühle Kienitz zu renovieren, hatte sie 20 Jahre lang leer gestanden. Mit großer Eigenleistung sanierten sie die Mühle und richteten ihre eigene Wohnung, ein Café und zwei Ferienwohnungen ein. Die einfach, aber gemütlich eingerichteten Ferienwohnungen mit Küchenzeile befinden sich in der Etage über dem Café und eröffnen einen Blick über die gemächlich dahinfließende breite Oder. Vom Deich hat man eine fantastische Sicht auf die Auenlandschaft. Spaziergänge oder Radtouren auf dem Deich entlang der Oder drängen sich regelrecht auf.

Jörg Hannemann ist freiberuflicher Fotograf, schreibt Gedichte und ist in der regionalen Kunstszene aktiv. Neben seinen eigenen Fotos an den Wänden, die der Kunstfotografie zugerechnet werden können, veranstaltet er in der Hafenmühle Kunstausstellungen und andere Events. Von ihm stammen auch Skulpturen, die im Garten oder auf der Café-Wiese zwischen Mühle und Deich stehen. Zwei originale Mühlsteine der Hafenmühle sind lässig an das Haus und an einen stabilen Pfosten des Gartenzauns gelehnt. Eindrucksvoll erinnern sie an die Geschichte der Mühle.

Franziska Labes versteht sich auf die Kunst des Kuchenbackens und auf die Zubereitung einfacher, köstlicher Gerichte. Von Freitag bis Sonntag bietet das Galerie Café seine Köstlichkeiten an. Bei einem Spaziergang auf dem Deich nach Kaffee und Kuchen, mit Blick über den Fluss in die weite Landschaft – da geht einem die Seele auf.

HAFENMÜHLE KIENITZ

Inhaber: Franziska Labes und Jörg Hannemann
Deichweg 7, 15324 Letschin OT Kienitz
Tel.: 033478-387 775
kontak@hafenmuehle-kienitz.de
www.hafenmuehle-kienitz.de

Galerie Café
Öffnungszeiten: Freitag bis Sonntag ab 12 Uhr

Über dem Kopf der Sternenhimmel, zu Füßen die Oder

Ferienwohnungen im Kulturhafen Groß Neuendorf

Ein Leben am Fluss der besonderen Art bieten die Ferienwohnungen im Kulturhafen Groß Neuendorf. In den erhaltenen Hafenanlagen stehen auf Bahngleisen der ehemaligen Oderbruchbahn vier zu Ferienwohnungen ausgebaute Bahnwaggons und im ehemaligen Verladeturm erstreckt sich in Räumen, die früher industriell genutzt wurden, über die oberen vier Etagen eine modern ausgestattete Ferienwohnung. Ihr Eingang liegt im Turmcafé. Über innen liegende Treppen gelangt man von der Lounge mit offenem Kamin und Balkon zu einer Loft-Küche mit Sesselecke und großem Esstisch. Von dieser Etage führt eine offene Treppe hoch zu zwei Schlafzimmern für bis zu vier Personen. Fenster in alle Himmelsrichtungen bieten einen einzigartigen Rundumblick über die Auenlandschaft des Mittleren Oderbruchs und über die Ortschaft Groß Neuendorf. Durch das teilverglaste Giebeldach glitzern bei klarem Wetter die Sterne. Im Winter wärmt nicht nur das Kaminfeuer, sondern auch eine vollflächige Wandheizung.

Äußerst selten tritt die Oder über die Kaimauer. Wenn das geschieht, gelangt man auf einer ehemaligen Förderbrücke, die ursprünglich zum Maschinenhaus führte und nun als Fußgängersteg dient, zur erhöht liegenden trockenen Straße. Zur gleichen Zeit wie der Verladeturm wurde das Maschinenhaus zum Hotel ausgebaut und bietet weitere Unterkünfte.

In den historischen Bahnwaggons ist erstaunlich viel Platz. Ausgestattet mit einem Doppelbett und einer Teeküche macht sich hier ein heimeliges Wohnwagengefühl breit. Große Fenster und Türen zur Oder sorgen für schönes Licht und einen fantastischen Ausblick. Wer so nah am Vogelflug und Froschgequake den Sonnenaufgang über der naturbelassenen Auenlandschaft der Oder erleben darf, wird es sicherlich verschmerzen können, dass sich Waschraum und Sanitäranlagen im Verladeturm befinden. Im Gegensatz zur Ferienwohnung im Turm haben die Waggons keine Heizung und keinen Wasseranschluss. Der Urlaub hier erinnert tatsächlich ein wenig ans Campen mit Wohnwagen – allerdings ohne Nachbarschaft vor dem Fenster und mit einem traumhaft schönen kilometerweiten Ausblick auf die Oderlandschaft.

Den Namen Kulturhafen verdankt der Hafen auch dem Waggontheater, das – ausreichend weit entfernt von den Übernachtungswaggons – auf der anderen Seite des Verladeturms auf einem Gleis steht. In dem Eisenbahnwaggon, der mit Sitzbänken für 28 Besucher ausgebaut ist, finden auf kleinstem Raum

Eisenbahnwaggon als Ferienhaus auf Gleisen der stillgelegten Oderbruchbahn

Theateraufführungen statt. Das Waggontheater nennt sich selbst Deutschlands östlichstes Theater, denn in der Mitte des Flusses verläuft die deutsch-polnische Landesgrenze.

Das ehemalige Fischerdörfchen Groß Neuendorf verdankt seine Bedeutung der Eindeichung des Oderbruchs im 18. Jahrhundert. Aufgrund seines Fischreichtums und des wertvollen Ackerbodens wurde das Oderbruch zur »Korn- und Speisekammer Preußens«. Mit der Nutzbarmachung des Oderbruchs als landwirtschaftliches Anbaugebiet entwickelte sich Groß Neuendorf von einem Fischer- zu einem Bauerndorf, das auch Handwerker anzog.

Durch den Ausbau des Hafens ab 1909 mit Kaimauern und Verladekränen sowie den Anschluss an die Oderbruchbahn begann 1911 eine rege Umschlagtätigkeit. Mit der Anbindung an die Schiene startete eine neue Entwicklung. Neben landwirtschaftlichen Produkten wurden jetzt auch Baumaterialien umgeladen. Im Hafen siedelten sich ein Kolonialwarengeschäft und eine Gaststätte an. Der Umschlag der Güter erfolgte bis 1970 auf der Oderbruchbahn, nach deren Stilllegung auf der Straße. Nach dem ersten Verladeturm wurde 1953 ein »Turm für pneumatische Schiffs- und Waggonbe- und entladung« errichtet, der noch vorhanden ist.

Aus heutiger Sicht ist es bedauerlich, dass nach der Stilllegung des Bahnverkehrs 1973 die charakteristischen Verladearme und andere Teile der Industrieanlage verschrottet wurden. Der Berliner Architekt Jens Plate konnte 2003 nur noch das Gebäude erwerben und sanieren. Ab 2005 begannen die Baumaß-

Ferienwohnungen in Bahnwaggons an der Oder

nahmen und für den Hafen von Groß Neuendorf bedeutete dies wenig später den Aufbruch in eine neue Zeit.

Wer Groß Neuendorf auf sportliche Weise erreichen möchte, kann mit dem Rad auch den Oder-Neiße-Radweg nehmen, der durch die Hafenanlage führt, oder mit einem Boot auf dem Wasser anpaddeln. Ein Fernglas ist unbedingt zu empfehlen, allerdings nicht wie früher als Ausstattung eines Grenzpostens, sondern zur Beobachtung der vielen Wasservögel.

KULTURHAFEN GROSS NEUENDORF

Ferienwohnungen im historischen Verladeturm und in Bahnwaggons
Hafenstraße 1a, 15324 Letschin OT Groß Neuendorf
Kontakt in Berlin: Jens Plate, Tel.: 030-505 624 71
info@verladeturm.de
www.verladeturm.de

Hotel Maschinenhaus
Hafenstraße 2, 15324 Letschin OT Groß Neuendorf
Tel.: 033478-387 710
info@maschinenhaus-online.de
www.maschinenhaus-online.de

Übernachten und Kaffeetrinken
mit historischem Flair
Kolonistendorf Neulietzegöricke

Ohne den »Alten Fritz« gäbe es das Oderbruch und auch das schöne Kolonistendorf Neulietzegöricke nicht, dessen Ursprung auf das Jahr 1753 zurückgeht und das als ältestes Kolonistendorf im Oderbruch gilt. Preußenkönig Friedrich II. hatte ab 1747 wegen häufiger Überschwemmungen den Flusslauf der Oder neu anlegen und das Gebiet trockenlegen lassen. Zukünftige Siedler, sogenannte Kolonisten, wurden mit großen Vergünstigungen in das neu erschlossene Gebiet an den Ufern der Oder gelockt.

Mit seinen restaurierten Fachwerkhäusern steht Neulietzegöricke heute unter Denkmalschutz. Das Zentrum des langgestreckten Straßendorfes bilden die Kirche von 1832 und das Gemeindezentrum mit Heimatstube im ehemaligen Schulgebäude. Am Eingang hängt eine Tafel mit der Inschrift »Rat der Gemeinde Neulietzegöricke«. Von den Tagelöhnerhäusern und Vierseithöfen, die sich links und rechts des Angers an den zwei parallel verlaufenden Straßen aneinanderreihen, sind viele sehr gut erhalten. Ein Hof wartet sogar mit einem historischen Taubenhaus auf. Zwischen den beiden Dorfstraßen verläuft ein Wasserabzugsgraben.

Kolonistenhaus mit Ferienwohnungen

Historisches Schulhaus mit Gemeindezentrum und Kolonisten Kaffee

Das Schulhaus in der Mitte des Dorfes wurde um 1832 errichtet und besteht bis heute. Jedes Dorf im Oderbruch hatte seine eigene Grundschule mit einem Lehrer, der eine kleine Wohnung im selben Gebäude bewohnte. Neben der Schule betrieb der Lehrer von Neulietzegöricke zum Eigenbedarf eine kleine Landwirtschaft, von der ein ehemaliger Stall mit Scheune, der zwischen 1870 und 1880 neben der Schule erbaut wurde, bis heute zeugt. Alle Kinder des Dorfes besuchten bis zur vierten Klasse die Dorfschule. Wie in anderen Dörfern des Oderbruchs wurde auch in Neulietzegöricke der Schulbetrieb 1972 eingestellt und das historische Schulhaus zum Gemeindezentrum umgewidmet. Das Klassenzimmer diente fortan als Konsum-Laden. Nachdem es den Konsum nicht mehr gab, richtete Martina Herrlich-Gryzan, Kaffeehausbetreiberin des »Kolonisten Kaffees«, 2014 das heutige Café ein. Neben der einladenden Einrichtung fällt besonders eine Sammlung von Kaffeekannen auf, die ein großes Wandregal ziert. Im Sommer sitzt man hier im Freien unter Bäumen an der Dorfstraße, die auf dieser Seite eine kaum befahrene Anliegerstraße ist. Zu den Kaffee- oder Teespezialitäten ist ein echtes Highlight der von der Wirtin selbst gebackene Kuchen.

Wie früher der Lehrer, der in dem heutigen Café den Dorfkindern das Lesen und Schreiben beibrachte, baute sich auch die Wirtin Martina Herrlich-Gryzan ein zweites Standbein auf. Sie betreibt allerdings keine Landwirtschaft, sondern vermietet Fremdenzimmer und eine Ferienwohnung in einem historischen Kolonistenhaus. Es liegt wenige Meter vom Dorfkern entfernt, sodass

Kaffeetafel im ehemaligen Klassenzimmer

die neuen Kolonisten, die nur kurze Zeit im Oderbruch bleiben, sich nach einem kurzen Morgenspaziergang im »Kolonisten Kaffee« mit einem leckeren Frühstück für den kommenden Tag stärken können.

KOLONISTEN KAFFEE

Inhaberin: Martina Herrlich-Gryzan
Neulietzegöricke 78, 16259 Neulewin OT Neulietzegöricke
Tel.: 0162-214 02 21
info@kolonisten-kaffee.de
www.kolonisten-kaffee.de

Ferienwohnungen
Inhaberin: Martina Herrlich-Gryzan
Neulietzegöricke 61, 16259 Neulewin OT Neulietzegöricke
Tel.: 0162-214 02 21 / 033457-51 93

Café
Öffnungszeiten:
Januar und Februar: Samstag und Sonntag 13 – 18 Uhr
März bis Mai: Freitag bis Sonntag 13 – 18 Uhr
Juni bis September: Mittwoch bis Sonntag 13 – 18 Uhr
Oktober bis Dezember: Freitag bis Sonntag 13 – 18 Uhr

Gastlichkeit im Kolonistenbauernhaus
Schuberts Oderbruch Landpension

In der Mitte von Neulietzegoricke, dem ältesten und unter Ensembleschutz stehenden Kolonistendorf im Oderbruch, ist in einem 1832 errichteten Bauernhaus »Schuberts Oderbruch Landpension« untergebracht. Es ist das Haus eines ehemaligen Mittelkolonisten, der bei der Kolonisierung mit 45 Morgen Land ausgestattet wurde.

Das große Fachwerkhaus weist die traditionelle Bauernhausform mit Ziegelausfachung und Krüppeldach auf. Erbaut wurde es mit Naturmaterialien wie Ziegeln, Lehm, Holz und Hanffasern, eine in den Kolonistendörfern weit verbreitete Bauform. Das Haus diente sowohl als Wohnhaus als auch als Lagerraum im oberen Geschoss und unter dem Dach. Die geschichtsreichen Räume wurden von Familie Schubert zu einer heimeligen Pension mit Gaststube und Kamin, gemütlichen Gästezimmern und einer Ferienwohnung umgebaut. Hinter dem Haus erstreckt sich ein idyllischer Garten mit kleinem Swimmingpool.

Die Leckereien des Frühstücksbuffets stammen aus der Region, die Eier sind von Hühnern örtlicher Kleinbauern, der Käse kommt vom nahe gelegenen Ziegenhof und die hausgemachte Wurst wird vom Fleischer in der Nähe

Garten hinter der Landpension

Ferienwohnung im Gartenhaus

bezogen. Selbstgekochte Marmelade und Honig vom ortsansässigen Imker ergänzen den Frühstückstisch, den man sich bei gutem Wetter im Garten mit
Ausblick in die Weite und Ruhe des Oderbruchs decken kann.

SCHUBERTS ODERBRUCH LANDPENSION

Inhaber: Familie Schubert
Neulietzegöricke 27, 16259 Neulewin OT Neulietzegöricke
Tel.: 033457-465 666
Tel.: 0178-131 74 90
www.schubertsoderbruchlandpension.com

Entspannte Entschleunigung

Schloss Neuenhagen

Irgendwie ist in Neuenhagen einiges etwas anders, als man es erwartet. Das Schloss Neuenhagen, gleich hinter der Kirche gelegen, erscheint nicht wie ein Schlosshotel, auch nicht wie ein Landhotel im Schloss, sondern viel mehr wie eine familiär geführte kleine Pension, wo man sich fühlt, als wäre man bei den beiden Gastgebern Christina Bohin und Andreas Unterberger zu Besuch. Das Schloss selbst ist baugeschichtlich kein Schloss, sondern das älteste Feste Haus im Osten Brandenburgs. Und der landwirtschaftliche Betrieb beim Parkplatz gehört gar nicht mehr zum Schloss, wohl aber der große Garten rund um das alte Gemäuer.

Mit etwas Fantasie kann man sich den Wassergraben vorstellen, der das Schloss früher umgeben haben soll. Es wurde 1575 von dem Adelsgeschlecht derer von Uchtenhagen errichtet. Historiker und Denkmalschützer haben das Schloss als Festes Haus eingeordnet, eine im 16. Jahrhundert auftretende Übergangsform zwischen mittelalterlicher Adelsburg und dem später üblichen schlossähnlichen Herrenhaus. In seiner äußeren Erscheinung ist das ursprüngliche Feste Haus nicht ganz erhalten. Die wechselvolle Geschichte des Oderbruchs und verschiedene Besitzer mit unterschiedlichen architektonischen Vorlieben brachten es mit sich, dass bei dem einzigen erhaltenen Renaissance-Bau zu beiden Seiten der Oder Türme, Gesimse, Tor- und Zwerchhäuser, prachtvolle Zufahrtswege und ein Park verlorengingen. Theodor Fontane schrieb 1867: »Das Schloss Neuenhagen jenseits der Oder ist verhältnismäßig wohl erhalten bis auf den heutigen Tag. Es wird bewohnt und bietet, wie wir nicht zweifeln, einen besseren Aufenthalt als mancher moderne Bau.«

Bevor die Künstlerin Christina Bohin und der Kaufmann Andreas Unterberger das heruntergekommene Schloss 2011 kauften, war es von Privatpersonen, gewerblich und von der Gemeinde für verschiedene Zwecke genutzt worden. Dabei wurde nicht besonders rücksichtsvoll mit der alten Bausubstanz umgegangen. Mit großem Elan gingen die beiden neuen Besitzer an die denkmalgerechte Sanierung, und dabei kamen erstaunliche Details zum Vorschein wie zum Beispiel in der Schlosskappelle die unter dickem Putz versteckten kunstvoll gearbeiteten, seltenen Stuckapplikationen der Spätrenaissance mit kirchlichen Motiven. Mit vergoldeten Sesseln und einem verzierten Tisch dient die Schlosskapelle heute als offizielles Trauzimmer mit ganz besonderem Charme. Aber auch im Rittersaal oder im Garten können sich Paare das Ja-Wort geben.

Haupttreppenhaus, Kaminzimmer, Rittersaal, Brücke über den ehemaligen Wassergraben

Das Gastgeberpaar wohnt in seinem Traumschloss, denn mit Schloss Neuenhagen ging für Christina Bohin und Andreas Unterberger im wahrsten Sinne ein Traum in Erfüllung. Die Kunstinteressierten richteten das leere Schloss, die drei Gästedoppelzimmer und die drei Suiten mit einer kreativen Mischung an Möbeln und Accessoires ein. Die Auswahl folgt keinem Stil und keiner Epoche, ausgesucht wird, was den Schlossherrschaften persönlich gefällt und so entsteht ein charmanter und vor allem einzigartiger Stilmix, der für sich genommen selbst ein Gesamtkunstwerk ist. Christina Bohin und Andreas Unterberger verstehen sich jedoch nicht nur als Hoteliers, sondern vor allem als herzliche Gastgeber. Als Kulturliebhaber und Kunstschaffende veranstalten sie hier Kunstausstellungen, Konzerte und Lesungen. Zu den Events kommen Kunst- und Kulturfreunde aus der Umgebung, aber auch Besucher aus Berlin reisen eigens an und übernachten in einem der originellen Burgzimmer.

Übernachtungsgästen, die sich im Oderbruch erholen möchten, bietet das gastfreundliche Schlossherrenpaar ein reichhaltiges Frühstück an, im Sommer auf der Terrasse vor dem Haus und ansonsten an der langen Tafel im alten Rittersaal. Am Abend wird in den beiden offenen Kaminen ein Holzfeuer entfacht und die Gäste können sich in gemütlicher Runde auf einer weichen Polsterlandschaft untereinander und mit den Gastgebern austauschen. Den Sommer über öffnet Christina Bohin an Samstagen ihr Schloss als Café mit dem wohlklingenden Namen »Genuss Stube«.

Bei einem Spaziergang im großen Garten über die Wiese am Schloss begrüßen den Gast die Kühe des Nachbarhofes. Ein Traumschloss, freundliche Gastgeber, ein gutes gesundes Frühstück und freundliche Kühe auf der Weide – das ist doch die wahre Quintessenz des Oderbruchs.

SCHLOSS NEUENHAGEN

Inhaber: Christina Bohin und Andreas Unterberger
Freienwalder Straße 12, 16259 Bad Freienwalde OT Neuenhagen
Tel.: 033369-775 671
info@schloss-neuenhagen.de
www.schloss-neuenhagen.de

Genuss Stube & Schloss:
Öffnungszeiten: Anfang April bis Anfang Dezember:
Samstag 14–22 Uhr

Hofladen
Hof Schwalbennest

Der Hof Schwalbennest arbeitet in einer bio-dynamischen Wirtschaftsweise. Dabei fördern und stützen sich die einzelnen Bereiche gegenseitig. Alles geht seinen natürlichen Gang und wo der Mensch eingreift, muss es naturverträglich sein. Neben der Landwirtschaft wird mit fünf Kühen und 45 Milchschafen eine muttergebundene Milchviehhaltung betrieben. Ohne jegliche mechanische Vorbehandlung wird die frisch gemolkene Milch in der hofeigenen Käserei zu naturbelassenen Rohmilchprodukten wie Quark, Joghurt und verschiedenen Frischkäsesorten verarbeitet. Neben den 20 Hühnern, die den Hof mit Eiern versorgen, werden von Juni bis Dezember 100 Enten und 100 Gänse als Weihnachtsgeflügel gehalten, welche die Wiesen nebenbei von Schnecken freihalten und düngen. Das Geflügel hat einen Wasserauslauf im hofeigenen Teich und verbringt die Tage auf der Wiese. Aus den Früchten der Obstbäume wird Apfelsaft hergestellt. Fruchtmus von Obst und Beeren sorgt für den Geschmack im Früchtejoghurt. Im Hofladen gibt es ausschließlich eigene Erzeugnisse aus dem ökologischen Anbau wie Milchprodukte aus Rohmilch von Kuh, Schaf und Ziege, Kartoffeln, Eier, Gemüse und hofeigene Säfte. Der Hof Schwalbennest ist ein eigener Organismus, in dem alles miteinander verbunden ist. Kreislaufprobleme dürfen dabei nicht auftreten!

HOF SCHWALBENNEST

Inhaber: Martina und Ulrich Bressel
Pehlitz 3, 16230 Chorin OT Brodowin
Tel.: 033362-707 69
hofschwalbennest@t-online.de
www.hofschwalbennest-brodowin.de

Hofladen:
Öffnungszeiten: Montag bis Samstag:
keine festen Öffnungszeiten

Erholung und Reiten in der Schorfheide

22

Gut Sarnow

Zwischen Groß Schönebeck und Eichhorst liegt bei der kleinen Ortschaft Sarnow das gleichnamige Gut. Die schmale Stichstraße, die von der Landstraße in den Wald abzweigt, liegt so versteckt, dass man sie leicht verpassen kann. Unerwartet taucht zwischen den Bäumen ein historisches Gebäude auf, in dem sich das Hotel und das Restaurant befinden. Das eigentliche Gutshaus, das einst am Eingang des Guts stand, wurde Ende der 1970er Jahre abgerissen. An seiner Stelle befindet sich heute das neue Seminarhaus. Es öffnet sich ein weiter Platz mit einem Brunnen, dahinter befinden sich Stallgebäude und Pferdeweiden.

Als das Ehepaar Kristina und Ulrich Sievers 2007 zum ersten Mal Gut Sarnow besuchte, sah alles noch nicht so gepflegt aus wie heute. Doch konnten sie sich sofort vorstellen, hier ihren Traum von einem Hotel, Reiterhof und einem Restaurant, in dem auch kulturelle Veranstaltungen stattfinden, zu verwirklichen. Nach der Sanierung der maroden Gebäude, dem Bau zweier Reithallen, Stallungen und Koppelanlagen sowie der Renovierung des Hotels, das die Treuhand nach der Wende in einem Wirtschaftsgebäude eingerichtet hatte, bietet Gut Sarnow heute eine Oase der Ruhe inmitten der Schorfheide.

Historisches Wirtschaftsgebäude als Hotel mit Restaurant

Restaurant mit Ausblick auf Pferdeweiden, Hotel und Brunnen im Gutshof

Aus dem modernen Wintergarten des Restaurants mit großen Glasfronten und einer Sommerterrasse schweift der Blick über die Koppeln, auf denen die Pferde in aller Ruhe die Zeit vergehen lassen und nach Futter suchen. Auf der Karte mit Spezialitäten aus der Region finden sich auch Gerichte mit Wild, das von der Eigenjagd des Guts stammt.

Der Name Gut Sarnow geht auf den Sarnow-See zurück, der gleich daneben liegt. In den 1930er Jahren befanden sich auf der Lichtung ein Gutshaus, ein Verwalterhaus, Ställe und eine Scheune. Von den Nationalsozialisten wurde der Gutsbesitzer 1934 enteignet. Ein eingesetzter Gutsverwalter musste auf den Wiesen das Winterfutter für die Wisente einfahren, die sich Hermann Göring, Oberbefehlshaber der Luftwaffe, am nahe gelegenen Werbellinsee hielt. Nach Ende des Zweiten Weltkriegs wurden die Ländereien des Guts an Kleinbauern verteilt. Anfang der 1950er Jahre baute die DDR hier einen Tierzuchtbetrieb auf, der 1961 zu einem Volkseigenen Betrieb für Schweine- und Rinderzucht und Futterproduktion umgewandelt wurde. Ende der 1970er Jahre wurde das Gut dann auf eine große Pferdezucht umgestellt. Seither sind hier Pferde zu Hause und fühlen sich wohl. Die originelle Mischung aus florierendem Reiterhof, urigem Hotel, gemütlichen Apartments sowie einem anspruchsvollen Restaurant, kulturellen Veranstaltungen, Feiern und Erholung machen den besonderen Charme von Gut Sarnow aus.

GUT SARNOW

Hotel, Restaurant und Reitstall
Inhaber: Familie Sievers
Eichhorster Chaussee 5, 16244 Schorfheide OT Sarnow
Tel.: 033393-658 25
info@gut-sarnow.com
www.gut-sarnow.com

Restaurant Gut Sarnow
Öffnungszeiten:
Februar: Freitag bis Sonntag ab 12 Uhr, März bis Dezember: Mittwoch und Donnerstag ab 17 Uhr, Freitag bis Sonntag ab 12 Uhr. Es wird empfohlen, vor einem Besuch anzurufen. Im Januar bleiben Hotel und Restaurant geschlossen.

Still ruht der See
Café Wildau

Leise plätschern die Wellen des Werbellinsees an die Terrassen und den Bootssteg. Idyllisch liegt das Café Wildau etwas erhöht am Ufer. Von den Stegen, die
ins Wasser führen, schweift der Blick weit über den Werbellinsee. Als Café war
das Haus früher ein beliebtes Ausflugsziel, seit Einweihung des wiedererrich-
teten Hauses 2009 ist es zu einem exklusiven Hotel mit Restaurant geworden.

Das malerische Seegrundstück liegt in den Wäldern des von der UNESCO
anerkannten Biosphärenreservats Schorfheide-Chorin. Die Landschaft mit
Wäldern, Wiesen, Seen, Flüssen und Mooren entstand nach der letzten Eiszeit
vor etwa 15.000 Jahren und beherbergt eine Fülle an teilweise selten gewordenen Pflanzen und Tieren. Wegen des großen Wildbestands ist die Schorfheide
seit langer Zeit ein beliebtes Jagdgebiet.

Erbaut hatte die historische Villa seinerzeit ein Zementfabrikant namens
Bernoulli. Zu Beginn des 19. Jahrhunderts wurde um Wildau etwa 70 Jahre lang
Wiesenkalk abgebaut und zu Zement verarbeitet. Ein paar alte Mergelgruben,
heute Teiche, zeugen noch von dieser Zeit. Als die Tonvorkommen versiegten,
wurde die Herstellung 1894 eingestellt. Weil Kaiser Wilhelm II. die schöne Lage
am Werbellinsee gefiel, kaufte er die Villa als Gästehaus für sein Jagdschloss

Vorfahrt zum Hotel und Restaurant Café Wildau

Restaurantterrasse am Werbellinsee mit weitem Blick über den See

Hubertusstock, das in der Nähe lag. Nach dem Zweiten Weltkrieg wurde das Haus unter dem Namen »Café Wildau« zu einem vielbesuchten Ausflugslokal. Doch das Schicksal schlug 1974 zu, als die DDR-Behörden die Schließung des Hauses veranlassten. Endgültig wurde die Entscheidung, als 1981 die DDR eine Woche vor dem Staatsbesuch des westdeutschen Bundeskanzlers Helmut Schmidt auf Schloss Hubertusstock das mittlerweile verkommene Café Wildau zur Verschönerung des Ufers einfach abreißen ließ.

Nur die Kellergewölbe waren noch übrig, als die Familie von Hertzberg 2006 Grund und Boden des alten Cafés Wildau erwarb und eine Wiedererrichtung in die Wege leitete. Am 1. Juli 2009 feierte das neue Café Wildau als Hotel und Restaurant seine Einweihung. Im Restaurant steht zeitgemäße moderne Küche auf der Karte mit einem Schwerpunkt auf Fisch- und Wildspezialitäten. Die gepflegten Zimmer befinden sich im Stammhaus, und das Gästehaus gleich nebenan ist mit Maisonette-Wohnungen ausgestattet.

Das Hotel Café Wildau ist der langen Tradition treu geblieben und bietet für Jagdgäste Zimmer mit einem abschließbaren Waffenschrank für zwei Jagdgewehre an. Zwar kann man sich hier nicht mehr als Besucher des deutschen Kaisers entspannen, aber wie ein König wird sich jeder Gast ganz sicher fühlen.

CAFÉ WILDAU

Hotel & Restaurant am Werbellinsee
Wildau 19, 16244 Schorfheide OT Eichhorst
Tel.: 033363-526 30
info@cafe-wildau.de
www.cafe-wildau.de

Hotelrezeption
Öffnungszeiten: täglich 8–18 Uhr

Restaurant
Öffnungszeiten: Montag bis Samstag 12–20.30 Uhr (à la carte)
Sonntag 13–20.30 Uhr (à la carte)

Grumsin ist ein Ortsteil der kleinen Ortschaft Altkünkendorf, die in der hügeligen Endmoränenlandschaft bei Angermünde liegt. In der Dorfmitte von Altkünkendorf steht ein Gutshaus und eine von dem preußischen Baumeister Friedrich August Stüler 1860 neogotisch umgebaute Dorfkirche thront über den Häusern.

So richtig bekannt wurde die von Feldern, Streuobstwiesen, Weiden, Wäldern, Mooren und Gewässern durchzogene südliche Ecke der Uckermark, als das Naturschutzgebiet Grumsiner Forst/Redernswalde 2011 Teil der UNESCO-Weltkulturerbestätten für alte erhaltene Buchenwälder in Europa wurde. Im Wirtschaftshof des Ortes veredelt die Grumsiner Brennerei die Früchte der regionalen Obstwiesen, Wildhecken und versteckten Alleen zu feinen Likören wie der Grumsiner Kirsche oder der Grumsiner Himbeere, dem Grumsiner Korn und weiteren Bränden. Längst vergessene Obstsorten sind in der teilweise lange als Jagdgebiet gesperrten Region zu finden. Einige der geistvollen Getränke reifen in Holzfässern, für Magenempfindliche wird ein Likör aus einheimischen Kräutern angeboten. Die Grumsiner Brennerei lädt zu Führungen, Tastings und ähnlichen Veranstaltungen ein.

Im Hofladen können die hochprozentigen Mitbringsel erworben werden. Am besten verstaut man sie nach dem Kauf gleich tief im Wanderrucksack, der Fahrradtasche oder im Kofferraum, denn die Wege und Straßen durch den Buchenurwald sind schmal, kurvig und dunkel. Um den Weg zurückzufinden, zahlen sich ein klarer Tunnelblick und viel Helligkeit im Kopf aus.

GRUMSINER BRENNEREI GMBH

Inhaber: Thomas Blätterlein
Wirtschaftshof 3
16278 Angermünde OT Altkünkendorf
Tel.: 033337-516 999
info@grumsiner.de
www.grumsiner.de

Hofladen:
Öffnungszeiten:
Dienstag bis Freitag 11–17 Uhr
Samstag 14–17 Uhr

Hofladen
Gut Kerkow

Das brandenburgische Hofgut Kerkow war im 18. Jahrhundert im Besitz der Adelsfamilie Lynar-Redern. Zu dieser Zeit war das Gut ein bekannter Zuchtbetrieb für Merinoschafe.

Als nach Ende des Zweiten Weltkriegs der Hof enteignet und als volkseigenes Gut weitergeführt wurde, blieb die Schafzucht erhalten. Nach der Wende wurde der Betrieb ab 1993 von privater Hand weitergeführt.

Schon damals war ein kleiner Rinderbestand vorhanden. Die Viehwirtschaft nahm mit der Zeit zu. Im Januar 2015 erwarben Elenore Kaufhold, Sarah Wiener und Jochen Beutgen als Partner das Hofgut Kerkow. Ökologische Landwirtschaft, nachhaltiges Wirtschaften und der Erhalt von Rassen wurden weiterentwickelt.

Im Zentrum der Viehzucht von Rindern und Schweinen sowie der Fleischverarbeitung, auch von Lämmern eines Nachbarhofs, steht die Herstellung von Biofleisch und Biowurst. Im Hofladen auf Gut Kerkow, der täglich geöffnet ist, werden neben anderen hochwertigen Bio-Lebensmitteln vornehmlich die handwerklich hergestellten Waren aus der eigenen Fleischerei angeboten.

GUT KERKOW

Greiffenberger Straße 8
16278 Angermünde OT Kerkow
Tel.: 3331-262 90
gutshof@gut-kerkow.de
www.gut-kerkow.de

Hofladen:
Öffnungszeiten: täglich 10 –18 Uhr

Als die Treuhand 1997 das alte Rittergut Temmen zum Kauf anbot, schlug der Drucker Rolf Henke aus Berlin zu. Er wurde Biobauer über 2.500 Hektar Weiden, Wiesen und Äcker. Davon sind etwa ein Viertel der bewirtschafteten Flächen ausgewiesene Naturschutzflächen des Biosphärenreservats Schorfheide/ Chorin. Um die dort lebenden Wildtiere und Vögel zu schützen, werden die Ernte- und Mähzeitpunkte an die Brut- und Balzzeiten der vielfältigen Wildfauna angepasst. Auf Gut Temmen wird Land- und Viehwirtschaft betrieben, wobei die Wurst- und Fleischerzeugung im Vordergrund steht. Etwa 1.500 Rinder, 200 Schweine und 30 Reitpferde leben auf dem Hof. Der ökologische Ackerbau für vielfältige Getreidesorten, Klee und Luzerne findet in der wunderschönen Endmoränenlandschaft mit vielen Seen statt. Die Edelschweine auf Gut Temmen leben in einem großen Stall mit Auslauf. Sie werden auf dem Hof geboren

und verlassen den Stall zum ersten Mal auf dem Weg zum Schlachter. Auf den saftigen Weiden rund um das Gut Temmen grasen die Rinder. Sie leben ganzjährig im Herdenverbund auf weitläufigen Weiden und ernähren sich von frischem Gras und seltenen Wildkräutern.

Im Gutshaus befindet sich ein Hofladen, der ein ausgesuchtes Sortiment aus den eigenen Fleisch- und Wurstprodukten sowie weitere ökologisch hergestellte Waren anbietet. Eine Spezialität ist die Wurstsorte Temmener Stracke, hergestellt aus eigenen Schweinen. Wer den Betrieb auf dem großen ökologisch ausgerichteten Gut Temmen näher kennenlernen möchte, kann sich in einer der Ferienwohnungen eine Auszeit gönnen.

GUT TEMMEN

Lindenallee 3, 17268 Gerswalde
OT Temmen-Ringenwalde
Tel.: 039881-43 00
info@gut-temmen.de
www.gut-temmen.de

Hofladen
Öffnungszeiten:
Donnerstag 14 – 18 Uhr
Freitag 10 – 18 Uhr
Samstag 10 – 16 Uhr

In der großzügig an einem Südhang angelegten Schlossgärtnerei des Schlosses Gerswalde haben sich in den etwas verlebten Wirtschaftsgebäuden und Gewächshäusern junge Gastronomie und Kleinunternehmen angesiedelt. So raucht es im ehemaligen Heizhaus wieder. Der Rauch kommt von der Fischräucherei »Glut & Späne«, die 2010 von Michael Wickert gegründet wurde. Zu den Öffnungszeiten, die je nach Monat und Wetter etwas anders ausfallen können, wird Fisch aus den umliegenden Seen geräuchert und als Fischgerichte oder Imbiss angeboten. Mit ihren glasklaren Seen, Holz aus den benachbarten Forsten sowie der Nähe zu Oder, Müritz und Ostsee ist die Uckermark als Standort für eine Fischräucherei bestens geeignet.

Der passionierte Angler Michael Wickert studierte Fischereiwissenschaften. Anschließend arbeitete er in der Fischereiforschung und leitete mehrere Jahre Fischfarmen in Frankreich, bevor er für einige Jahre den Schritt in die Gastronomie wagte. Doch der Fisch hatte ihn an der Angel und er eröffnete die Fischräucherei in Gerswalde. Da Michael Wickert vom Bodensee kommt, genießt man in seiner Fischräucherei leckeren Fisch aus einheimischen Gewässern mit einem guten Wein vom Bodensee. In der kühleren Jahreszeit pausiert der Hofverkauf und der Fisch wird für Restaurants und Feinkosttheken geräuchert. Doch im Sommer kann man bei »Glut & Späne« lecker essen und sich für zuhause ein paar fein geräucherte Filets oder gleich eine ganze Räucherforelle einpacken lassen.

GLUT & SPÄNE

Landräucherei Uckermark
Inhaber: Michael Wickert
Dorfmitte 11, 17268 Gerswalde
Tel.: 0163-256 42 16
info@glutundspaene.de
www.glutundspaene.de

Öffnungszeiten:
Geöffnet solange der Vorrat reicht, bei Dauerregen und Sturm geschlossen. Ab Ostern: Öffnungszeiten über die Webseite. Ab Mai: Samstag 12–18 Uhr. Sommermonate: Samstag 12–18 Uhr, Sonntag 12–16 Uhr. September: Samstag 12–17 Uhr. Saisonende: Anfang Oktober, Öffnungszeiten über die Webseite

Schloss Herrenstein

Wie ein rotes Schlösschen aus der Spielzeugkiste steht Schloss Herrenstein in einer kleinen Parkanlage, die im weitläufigen ehemaligen Gut Herrenstein liegt. Eine herrschaftliche Freitreppe führt zum Haupteingang. Im Schloss befindet sich ein stilvolles Restaurant mit separaten Salons, die sich bestens für Familienfeiern eignen. Auf der Rückseite des Schlosses wurde ein großzügiger Wintergarten für das Restaurant angebaut, in dem sich die anspruchsvollen und auf Qualität bedachten Gerichte genießen lassen. Von der Terrasse unter alten Bäumen geht der Blick in den wunderschönen Schlosspark.

Die großzügigen Gästezimmer und Suiten im Schloss lassen bei den Gästen selbst ganz herrschaftliche Gefühle aufkommen. Gegenüber dem Schloss wurden ehemalige Wirtschaftsgebäude des Gutes aufwendig umgebaut. Die schönen Fachwerkhäuser beherbergen 54 Gästezimmer und Ferienapartments im gemütlichen Landhausstil.

In einem der Fachwerkhäuser laden ein kleines Hallenbad unter freigelegtem Gebälk, eine Sauna und ein Dampfbad zum Wohlfühlen und Entspannen ein. Im angeschlossenen Wellnessbereich werden wohltuende Massagen und Anwendungen angeboten.

Ehemaliges Wirtschaftsgebäude mit Ferienwohnungen

Ehemaliges Wirtschaftsgebäude, Wintergarten des Restaurants mit Terrasse

Der Ort Herrenstein wurde 1755 von Otto von Arnim von Gerswalde Herrenstein als Vorwerk und Molkerei des Ritterguts Gerswalde errichtet, wobei er erst seit 1821 den Namen Herrenstein trägt. 1890 lebten hier etwa 110 Einwohner in rund zehn Wohnhäusern. Das Gutshaus wurde 1890 im Neobarockstil entweder umfassend umgebaut oder vielleicht sogar neu errichtet. Der letzte von Arnim auf dem Gut, Adolf Oswald Arthur von Arnim, verkaufte schließlich das Gut Herrenstein zusammen mit weiteren Gütern 1926 an die Landgesellschaft Eigene Scholle Frankfurt (Oder). Er war Kgl. Preußischer Rittmeister, türkischer Major a. D. und später als Kaufmann tätig. Er starb 1970.

Nach dem Zweiten Weltkrieg wurde das Gut enteignet und aufgeteilt. Bis 1960 hatte sich eine LPG Typ I mit 46 Mitgliedern gebildet, die 212 Hektar Land bewirtschaftete. Sie wurde 1968 an die LPG Typ III in Gerswalde angeschlossen. Nach der Wende 1989/90 war eine Schule im Schloss untergebracht und die oberen Geschosse wurden als Wohnungen genutzt. Im Jahr 1994 wechselte der

Schloss Herrenstein

Besitzer. Das Schloss und einige Wirtschaftsgebäude wurden zu einem Hotel-komplex umgebaut, der seit 1996 in Betrieb ist. Neben dem Wellness-Sektor und der dazugehörigen Ruhe auf der abseits gelegenen idyllischen Anlage lädt Schloss Herrenstein mit seinem Reiterhof, einer Tennishalle und einer Mini-golfanlage auch zur aktiven Erholung ein. Außerdem bietet die Hotelanlage einen 2.000 Quadratmeter großen Indoorspielplatz für Familien. Die Weitläu-figkeit des Hotelgeländes ermöglicht ein vielfältiges Erholungsangebot in der Uckermark, das Raum für alle Wünsche und Bedürfnisse bietet.

SCHLOSS HERRENSTEIN

Herrenstein 6, 17268 Gerswalde OT Herrenstein
Tel.: 039887-710
info@hotel-schloss-herrenstein.de
www.hotel-schloss-herrenstein.de

Schlossrestaurant
Tel.: 039887-711 73

Hofladen
Gut Blankensee – Ölmühle

Das Gut Blankensee war ein Vorwerk im Besitz eines Zweiges der bekannten märkischen Adelsfamilie von Arnim. Um 1860 wurde die Ölmühle erbaut, die zu jener Zeit als hochmodern galt. Sie war eine der ersten dampfbetriebenen Ölmühlen weit und breit. Über eine familiäre Linie ist der heutige Eigentümer des Guts Blankensee, Botho Graf Hahn, ein Nachfahre des Errichters der Ölmühle. Zusammen mit seiner Frau übernahm er 2001 das Gut Blankensee, auf dem Milchkühe gehalten werden und Land- und Forstwirtschaft betrieben wird. Ein weiteres Standbein ist der Betrieb einer Ölpresse. In schonendem Verfahren werden aus hofeigenen Saaten Öle wie Leinöl oder das eher seltene und hochwertige Mohnöl kalt gepresst und in Flaschen abgefüllt. Aber auch aus Walnüssen, Raps, Sonnenblumen und manchmal aus Bucheckern werden feine Speiseöle hergestellt. Alle Öle bleiben naturbelassen. In der denkmalgeschützten Ölmühle wurden 2013 der Hofladen und ein Café eingerichtet. Wie das Öl ist auch der leckere Kuchen selbstgemacht, der sich auf der Terrasse genießen lässt, die hinter dem Haus auf Gäste wartet. Weitere Tische und Stühle stehen unter Obstbäumen. Ein schmaler Weg führt über den Kirchgarten zur Kirche hinauf. Die Ölmühle am Kirchgarten ist auch ein Heiratsparadies der kurzen Wege.

GUT BLANKENSEE – ÖLMÜHLE

Inhaber: Botho Graf Hahn und
Saskia Gräfin Hahn
Blankensee 10
17268 Mittenwalde OT Blankensee
Tel.: 0172-942 88 77
info@gut-blankensee.de
www.gut-blankensee.de

Café und Hofladen:
Öffnungszeiten: Samstag, Sonntag und
an Feiertagen 11–17 Uhr

Hofladen
Haus Lichtenhain

Hinter einer großen Wiese mit Apfelbäumchen erstrahlt gelb das von der Sonne beschienene Gutshaus Lichtenhain. Michael Graf von Arnim, ein Nachfahre der früheren Besitzerfamilie des Schlosses Boitzenburg in der Uckermark, übernahm 1995 mit seiner Frau Daisy das Haus Lichtenhain, das in früheren Zeiten zum Schloss Boitzenburg gehörte. Etwa fünf Jahre später stieg Daisy von Arnim in das Apfelgeschäft ein. Der Rohstoff wuchs sozusagen vor der Tür und im eigenen Garten an den Bäumen. Bald wurde sie anerkennend die »Apfelgräfin« genannt. Unter der Marke »Haus Lichtenhain« verkauft sie köstliche Apfelprodukte wie zum Beispiel Apfel-Früchtebrot im Glas, Apfel-Gelees und herzhaftes Apfel-Chutney zu Fleisch und Käse. In der Apfel-Caramel-Küche entstehen außergewöhnliche Gelees, Marmeladen und Fruchtwürfel. Viele Apfelköstlichkeiten wie der selbstgemachte Apfelkuchen zu einem Apfel-Tee kön-nen im Apfel-Café gekostet werden, das eine wunderbare Terrasse mit Blick auf den großen Obstgarten hat. In einem Seitenflügel lädt der Hofladen zum Kauf der selbsthergestellten Apfelprodukte ein. Wer sich unter Äpfeln wohlfühlt, kann in einer der drei Ferienwohnungen im Gutshaus übernachten. Nach erholsamen Tagen werden bei der Rückkehr in die Großstadt die geröteten Apfelbäckchen leuchten!

HAUS LICHTENHAIN

Inhaberin: Daisy Gräfin von Arnim
Lichtenhain 25
17268 Boitzenburger Land
Tel.: 039889-82 50
info@haus-lichtenhain.de
www.haus-lichtenhain.de

Öffnungszeiten:
April bis Oktober:
Montag bis Samstag 13 – 17 Uhr

Eine adlige Residenz mit großem Park
Landhaus Buchenhain

Mit dem in einem großen Park gelegenen Landhaus Buchenhain hat sich Frauke Depping ihren Traum vom eigenen Hotel erfüllt. Die Tochter einer Gastronomenfamilie aus Nordrhein-Westfalen wollte nach Jahren als Sozialpädagogin und einer Ausbildung zur Heilpraktikerin wieder in die Gastronomie zurück.

Wie es im Boitzenburger Land häufig anzutreffen ist, hatte auch beim Landhaus Buchenhain ein Mitglied der Adelsfamilie von Arnim etwas mit dem Anwesen zu tun. Buchenhain hieß früher Arnimshain und zählte zum Besitz der Adelsfamilie. Graf von Arnim erbaute das Landhaus Buchenhain 1922 für einen seiner Söhne. Bis zur Vertreibung der Adelsfamilie nach Kriegsende 1945 wohnte der Sohn in dem Herrenhaus.

In der DDR-Zeit nutzte man das Haus als Schule und Schwesternheim. Nach der Wende kaufte es Joachim Dedo von Arnim 1992 wieder zurück und baute es zum Hotel um. Doch nach seinem Tod 2005 wurde der Hotelbetrieb eingestellt.

Nicht lange darauf erwachte das Hotel mit der heutigen Besitzerin Frauke Depping zu neuem Leben.

Landhaus Buchenhain

Sommerterrasse, Park um das Landhaus Buchenhain

Landhaus Buchenhain

Restaurant und Frühstücksraum

Das Herrenhaus hat 15 schön und geschmackvoll eingerichtete Gästezimmer, das Hochzeitszimmer schmückt ein Himmelbett. Zwei Säle bieten sich für Feiern und Veranstaltungen an. Die Restauranträume sind im traditionellen Landhausstil gehalten, serviert werden hier uckermärkische Spezialitäten. Bei schönem Wetter schweift der Blick von der Sommerterrasse über den Park den Hügel hinunter zu einem Teich. Ein wunderbarer alter Baumbestand vermittelt Ruhe und Entspannung.

LANDHAUS BUCHENHAIN

Inhaberin: Frauke Depping
Buchenhain 32, 17268 Boitzenburger Land OT Buchenhain
Tel.: 039889-509 648
info@landhausbuchenhain.de
www.landhausbuchenhain.de

Nach einer Experimentierphase machte sich die Buchhändlerin Anke Thoma mit ihrer Naturseifen-Manufaktur in der kleinen Ortschaft Buchenhain im Boitzenburger Land 2012 selbstständig. Nicht nur die eigenen Rezepte der handgemachten Seifen, Shampoos und Deo-Cremes entwickelte und entwickelt sie immer noch selbst, sondern auch das Marketing von der Verpackung bis zum Direktvertrieb geht auf ihre Ideen zurück. Mit ihrer Geschäftsidee, Seifen und Shampoos aus natürlichen Zutaten zu produzieren, traf sie einen Trend. Doch zum großen Erfolg ihrer Produkte trug neben ihrem handwerklichen Geschick auch bei, dass sie nur natürliche und hochwertige Rohstoffe verwendet. Blüten und Kräuter für ihre Seifen pflückt sie im eigenen Garten. Weiteres bezieht sie aus der Region von ihr bekannten Produzenten wie zum Beispiel für ihre vegane Mohnölseife das naturbelassene Mohnöl aus der Ölmühle auf Gut

Blankensee. Die Produkte des Sortiments wie reine Seifen, Milchseifen, fruchtige Seifen, Kräuterseifen und andere Produkte zum Waschen oder zur Pflege der Haut werden in der Manufaktur in Buchenhain von Hand hergestellt. Alle Seifen und Milchseifen wie zum Beispiel Schafsmilch-, Stutenmilch- oder Honigmilchseife sind vollständig biologisch abbaubar und frei von Konservierungsstoffen, Weichmachern und künstlichen Tensiden. Natur pur! Die Produkte können zwar online erworben werden, doch ein Besuch der Naturseifen-Manufaktur ist einzigartig. Die vielen Düfte, die Nase und Sinne umspielen, können nur im Laden der uckermärkischen Naturseifen-Manufaktur erfahren werden.

NATURSEIFEN-MANUFAKTUR UCKERMARK

Inhaberin: Anke Thoma
Buchenhain 34, 17268 Boitzenburger Land OT Buchenhain
Tel.: 039889-509 082
info@naturseifen-manufaktur.de
www.naturseifen-manufaktur.de

Öffnungszeiten:
Montag bis Freitag 10 –17 Uhr
Samstag 11–16 Uhr

Hofladen
Gutshof Kraatz – Kelterei

Das Gutshaus Kraatz liegt im Nordosten Brandenburgs nur drei Kilometer vor der Landesgrenze zu Mecklenburg-Vorpommern. Nach mehreren Eigentümer- und Nutzungswechseln ist das Gutshaus seit 2001 in Privatbesitz. In einer früher zum Gut gehörenden großen denkmalgeschützten Scheune von 1870 befindet sich seit 2010 die Kelterei mit dem Namen Gutshof Kraatz. Das Inhaberpaar, die Cutterin Edda Müller und der Fotograf Florian Profitlich aus Berlin, erholten sich gerne in der Uckermark und fragten sich dabei, wie man das viele herumliegende Obst verwerten könnte. Die Idee einer Kelterei in der Uckermark war geboren. Ohne Vorkenntnisse, aber mit viel Geduld, Neugier und stetig wachsender Erfahrung bauten sie eine Kelterei auf, die mit ihrer Weinschänke und dem Hofladen inzwischen zu einem festen Anlaufpunkt für Genießer geworden ist. In der Kelterei werden regionale alte Apfel- und Birnensorten sowie Quitten zu Saft und Wein verarbeitet. Die ausgezeichnete Qualität der Früchte der alten, hoch gewachsenen Apfel- und Birnenbäume, die auf den Streuobstwiesen und in den Gärten der Region stehen, sorgt für die besondere Geschmacksvielfalt und Intensität der Weine und Säfte. Die teils prämierten Köstlichkeiten können im Hofladen erworben werden, der sich in der Weinschänke befindet.

Es lohnt sich, immer wieder nach Kraatz zu fahren, denn jeder Obstjahrgang fällt ein bisschen anders aus als seine Vorgänger.

GUTSHOF KRAATZ – KELTEREI

Inhaber: Edda Müller und
Florian Profitlich
Schloßstraße 7
17291 Nordwestuckermark OT Kraatz
Tel.: 039859-639 76
info@gutshof-kraatz.de
www.gutshof-kraatz.de

Öffnungszeiten:
April bis Oktober:
Donnerstag und Freitag 14 – 21 Uhr
Samstag 9 – 21 Uhr
Sonntag 9 – 18 Uhr
November und Dezember mit
eingeschränkten Öffnungszeiten.

Südosten

Wo der Alte Fritz einst Suppe aß

34

Gut Klostermühle Alt Madlitz

Sie soll ihm gut geschmeckt haben, die Suppe, die Friedrich der Große in der Klostermühle zu sich nahm. »Die Suppe mundete gar köstlich«, wird der preußische König zitiert. Nach der Schlacht bei Kunersdorf, die für den preußischen Kriegsherrn am 12. August 1759 mit einer schweren Niederlage gegen eine russisch-österreichische Armee endete, hatte Friedrich der Große Quartier im nahe gelegenen Schloss Alt Madlitz bezogen. Während seines Aufenthalts kehrte er in der Wassermühle am See ein und löffelte dort nach der verlorenen Schlacht die Suppe aus.

Die Klostermühle steht am Madlitzer See, der wie der Petersdorfer See in der Falkenhagener Rinne liegt, die nach der Eiszeit beim Abfließen des Schmelzwassers entstand. Beide Seen sind durch einen Abfluss miteinander verbunden. An diesem Bach errichteten im 14. Jahrhundert Kartäusermönche aus Frankfurt (Oder) eine Wassermühle, ein Fischer- und ein Forsthaus. Ab 1542 war das Gelände mit den Gebäuden an die Gutswirtschaft Madlitz angeschlossen, deren Herrenhaus später zum Schloss Alt Madlitz wurde. Ab 1751 gehörte Schloss und Gut Alt Madlitz dann den Grafen von Finckenstein. Im Laufe der Geschichte ging Kaiser Wilhelm II. häufig in den umliegenden Wäldern

Ehemalige Klostermühle mit Mühlrad

Restaurant Klostermühle, Restaurant Klosterscheune

zur Jagd. Er pflegte ein freundschaftliches Verhältnis zu seinem im Forsthaus lebenden Oberförster Curt Metzner, der sich in seiner Freizeit mit dem Bau von Geigen und der Klangforschung beschäftigte.

Im Zuge der Bodenreform in der DDR wurde der Gutsherr 1945 enteignet. Die Staatsicherheit errichtete an der Madlitzer Mühle ein Ferienobjekt für ihre Mitarbeiter und riegelte das Gelände bis zur politischen Wende 1989/90 großräumig ab. Nach der Wiedervereinigung gelangte das mittlerweile heruntergekommene Schloss mit dem verwilderten englischen Landschaftspark wieder in Besitz der Familie von Finckenstein, die Schloss und Park sanierte und nach altem Vorbild wiederherrichtete.

Regelrecht wachgeküsst wurden die Klostermühle, die umliegenden Gebäude und genau genommen auch der See und der Wald von dem Düsseldorfer Architekten Walter Brune und seiner Ehefrau Renate. Familiäre Hintergründe hatten den damals siebzigjährigen erfolgreichen Architekten nach Brandenburg geführt. Durch Sanierung, sensiblen Umbau und Erweiterung mit Häusern im Landhausstil, die verstreut im Wald oberhalb des Sees liegen, schuf er ab etwa 1997 eine Wellness-Hotelanlage, die Hotelzimmer, Ferienwohnungen, Suiten und Ferienhäuser anbietet. Pferdeställe, Reitplätze und eine Reithalle kommen allen entgegen, die sich nach einem Urlaub mit Pferd in ruhiger Wald- und Seenlandschaft sehnen. In den historischen Gebäuden und im neuen Bereich wurden drei Restaurants eingerichtet, die unterschiedlichen Konzepten folgen. Auf Wunsch von Walter Brune kam auch ein Theater hinzu.

Gut Klostermühle Alt Madlitz

Bootssteg am Madlitzer See

Käme der Alte Fritz heute ins Gut Klostermühle, würde er bei dem Angebot an herausragender regionaler und überregionaler Küche sicher nicht nur eine Suppe bestellen.

GUT KLOSTERMÜHLE ALT MADLITZ

Mühlenstraße 11, 15518 Briesen (Mark) OT Alt Madlitz
Tel.: 033607-592 90
info@gutklostermuehle.com
www.gut-klostermuehle.com

Restaurant Klosterscheune
Öffnungszeiten: täglich 12–17 Uhr, Brotzeit, Kaffee, Kuchen, Eis
Sonntag bis Donnerstag 17–21.30 Uhr, Abendkarte
Sommersaison, Freitag und Samstag 18–21.30 Uhr, Dinnerbuffet
Übers Wochenende ist das Restaurant Klosterscheune den Hotelgästen vorbehalten.
Interessenten, die keine Hotelgäste sind, wird empfohlen, vor einem Besuch anzurufen.

Restaurant Klostermühle »Geniesser Restaurant«
Nur für Hotelgäste.

Restaurant Finckenlounge »Frühstück & Dinner«
Nur für Hotelgäste.

Wohnen und speisen wie Kronprinz und Kronprinzessin
Schloss Steinhöfel

Für die Dorfbewohner in Brandenburg wohnte die Herrschaft eines Gutes umgangssprachlich im »Schloss«, obwohl es sich meist eher um ein Guts- oder Herrenhaus handelte. In Steinhöfel entwickelte sich aus dem Herrenhaus des landwirtschaftlichen Guts, das die Familie von Wulffen um 1730 errichten ließ, mit der Zeit ein wirkliches Schlösschen. Noch im Besitz derer von Wulffen, rastete Friedrich der Große kurz vor der Schlacht bei Kunersdorf am 12. August 1759 mit seinem Stab im Park des Gutes. Im kühlen Schatten der Bäume ahnte der Alte Fritz sicher noch nicht, dass er sich auf dem Weg zu seiner größten militärischen Niederlage befand.

In der ersten Bauphase ließ Valentin von Massow, seit 1790 der neue Besitzer, das Herrenhaus von dem bekannten Architekten David Gilly frühklassizistisch umbauen und um zwei niedrige Flügel erweitern. In den 43 Hektar großen Landschaftspark, den schon Ende des 18. Jahrhunderts der Gartenarchitekt Johann August Eyserbeck im englischen Stil angelegt hatte, fügte Gilly in der Nähe des Schlosses einen langgestreckten Teich, Kanäle, Brücken und Pavillons ein. Die Bibliothek wurde in einen kleinen klassizistischen Tempel

Schlossterrasse zum Park

Restaurant im Schloss Steinhöfel

verlagert, der im Park steht. Heute dient er als Standesamt für Hochzeiten. Den Parkeingang legte Gilly seitlich des Schlosses und durchbrach damit die damals übliche zentralachsige Ausrichtung solcher Anlagen. Bewacht wird die Gutshaus- und Gartenanlage von zwei steinernen Sphinxen des Bildhauers Gottfried Schadow, die auf beiden Seiten des Tores ruhen. Auf ihren Rücken sitzen laternentragende Putten.

Bei einem Besuch des Kronprinzen Friedrich Wilhelm III. und der Kronprinzessin Luise im Jahr 1794 gefiel den Gästen die Anlage so gut, dass sie ihren Sommersitz Schloss Paretz ebenfalls von David Gilly entwerfen ließen. Die Familie von Massow veranlasste 1820, 1840 und 1880 bauliche Veränderungen an Schloss Steinhöfel, die Gillys Werk überformten und am Ende zu dem heutigen Gutshaus mit seinem spätklassizistischen Aussehen mit zwei Ecktürmen führten. Die Adelsfamilie verkaufte das Gut 1930 an einen wohlhabenden Bauern. In der DDR diente das Schloss der Konsumgenossenschaft als Warenhaus, es wurde außerdem als Wohnhaus und Kindergarten genutzt, verwahrloste allerdings zusehends. Der englische Landschaftspark wurde verwüstet, der alte Baumbestand blieb jedoch glücklicherweise größtenteils bestehen. Nach der Wiedervereinigung wurden Schloss und Parkanlage aufwendig restauriert. Wie schon in früheren Zeiten, zählt Schloss Steinhöfel mit seiner englischen Parkanlage auch heute noch zu den schönsten Adelssitzen in der Mark.

Nach dem Ausbau als Hotel im Jahr 2000 führt seit 2002 das Ehepaar Evelyn und Frank John, die schon Erfahrung aus der Gastronomie mitbrachten, das

Teehaus im Park, Sphinx am Eingangstor

Schlosshotel. Die 26 Doppelzimmer und vier Einzelzimmer, Flure und Räume sind mit einer angenehmen Mischung aus Antiquitäten und zeitgenössischen Möbeln eingerichtet. Kein Zimmer gleicht dem anderen. Das Ehepaar John betreibt im Schloss auch einen kleinen Antiquitätenhandel. Das Café und das Restaurant mit regionaler und internationaler Küche sind sowohl im Sommer, wenn der Blick von der großen Terrasse über die ausladenden Bäume geht, als auch in der kälteren Jahreszeit im edlen Schlossambiente einen Besuch wert. Küchenchef ist Inhaber Frank John selbst.

In dem schönen Schloss mit seiner zauberhaften Umgebung finden zahlreiche Tagungen und Veranstaltungen statt, darunter auch kulturelle Events. Aber auch jeder Einzelbesucher ist gerne willkommen. »Wir finden immer noch ein Plätzchen«, sagt Evelyn John – so wie auch damals Kronprinz Friedrich Wilhelm III. mit seiner lieblichen Kronprinzessin Luise im Schloss Steinhöfel noch ein schönes Zimmerchen gefunden hat.

SCHLOSS STEINHÖFEL

Inhaber: Evelyn und Frank John
Schlossweg 4, 15518 Steinhöfel
Tel.: 033636-27 70
info@schloss-steinhoefel.de
www.schloss-steinhoefel.de

Deutschlands kleinstes First Class Hotel
Villa Contessa

In Hanglage am Scharmützelsee errichtete 1910 ein Berliner Jurist eine kleine, aber feine Villa als Sommerresidenz. Die Terrassen der unteren Geschosse sind zum großen Seegrundstück hin ausgerichtet. Zu DDR-Zeiten waren große Teile der Ortschaft Bad Saarow aus militärischen Gründen nicht zugänglich, darunter der Kurpark mit der Promenade. Auch die heutige Villa Contessa lag im sowjetischen Sperrbezirk und wurde als Gästehaus für Kommandanten genutzt. Erst 1993 verließen die russischen Militärs den Kurpark.

Die Berlinerin Marina Runge verliebte sich in das Gebäude und konnte es erwerben. Ihr langjähriger Traum von einem kleinen Hotel war in greifbare Nähe gerückt. Die Villa wurde grundlegend saniert und erhielt außen wie innen einen hellen Anstrich. Die Schwere ihrer ursprünglichen Bauzeit wich einer freundlichen Leichtigkeit. Die Epoche als Hotel begann 1998 mit einer Frühstückspension. Im Laufe der Zeit entwickelte Marina Runge diese Pension zu einem First Class Hotel mit sieben hochwertig ausgestatteten Gästezimmern. 2006 wurde in einem Erweiterungsbau ein großer Wellnessbereich eröffnet, der im Winter 2016 jedoch einem Brand zum Opfer fiel. In der Folge waren langwierige Instandsetzungsarbeiten nötig, und alle Zimmer und das

Hotel Villa Contessa

Wellness am Scharmützelsee

Restaurant wurden komplett neu eingerichtet, vorrangig mit hellen Farben und in Champagner- und Goldtönen. Der nun noch exklusiver ausgestattete Wellnessbereich wartet seitdem sogar mit einem beheizten Außenpool auf. In direkter Nachbarschaft eröffnete Marina Runge, deren Kinder im Hotel mitarbeiten, 2019 eine neu erbaute Hotel-Villa, die vom Stil, der Ausstattung und den Angeboten an die Villa Contessa angepasst ist.

Im Restaurant der Villa Contessa kann man sich mit Blick auf den See von einer vorzüglichen Küche verwöhnen lassen. Ruhe, Entspannung und Wellness im familiär geführten kleinsten First Class Hotel Deutschlands – einer Contessa würdig!

VILLA CONTESSA

Inhaber: Marina und Oliver Runge
Seestraße 18, 15526 Bad Saarow
Tel.: 033631-580 18
info@villa-contessa.de
www.villa-contessa.de

Villa Contessa Restaurant
Reservierungen, Tel.: 033631-580 18 (Telefon täglich 9–19 Uhr)
Öffnungszeiten: Montag bis Sonntag 17–22 Uhr

Ein Landhaus mit Badestrand und Bootsanleger ③⑦
Landhaus am See Alte Eichen

Der Großvater des heutigen Inhabers und Geschäftsführers Jörn Peters kaufte nach dem Ende des Zweiten Weltkriegs das große Landhaus am Scharmützelsee. In seiner Berliner Firma beschäftigte er damals Trümmerfrauen, für die er in der Villa am See ein Ferienheim einrichtete, damit sie sich von der harten Arbeit erholen konnten. Die Frauen, die beim Wiederaufbau des zerstörten Berlins Hand angelegt hatten, konnten sich nun im Scharmützelsee den Berliner Trümmerstaub aus den Haaren waschen. Doch 1950 meldete die DDR Interesse an der Immobilie an und die Villa wurde ein Erholungsheim der SED. Kurz bevor die Berliner Mauer gebaut wurde, wechselte der Großvater in den Westen.

Nach der Wende kamen Grundstück und Villa am 1. Juli 1992 wieder in den Besitz der Familie Peters. Seit 1997 wurde in mehreren Renovierungen, Um- und Anbauten das Landhaus am See Alte Eichen zu einem familiengeführten Hotel mit Wellnessbereich und einem 9.000 Quadratmeter großen Wassergrundstück ausgestaltet, das heute seinen Gästen größten Komfort bietet. Der Hotelfachmann Jörn Peters weiß, dass Wohlbehagen auch mit gutem Essen zusammenhängt und so verwöhnt das mehrfach ausgezeichnete »Restaurant

Landhaus am See Alte Eichen

Panoramaterrasse über dem Scharmützelsee

19hundert« seine Gäste mit wunderbaren Gerichten. Von der Terrasse des Cafés hat man einen weiten und beruhigenden Blick über den See. In den stilvoll eingerichteten Gästezimmern und Suiten lässt es sich ausgezeichnet entspannen und vom Wellnessbereich aus geht es direkt zum See, der zum Verweilen einlädt. Wenn das die Trümmerfrauen noch erleben dürften!

LANDHAUS AM SEE ALTE EICHEN

Inhaber: Jörn Peters
Alte Eichen 21, 15526 Bad Saarow
Tel.: 033631-430 90
info@landhaus-alte-eichen.de
www.landhaus-alte-eichen.de

Wenn die Sonne über dem Groß Schauener See versinkt

Seehotel Köllnitzer Hof

Seit Jahrhunderten ist die Große Schauener Seenkette ein Paradies für Fischer. Bereits 1209 wurde die im heutigen Naturpark Dahme-Heideseen liegende Fischereistelle Köllnitz am Groß Schauener See erstmals urkundlich erwähnt. Das Naturschutzgebiet Große Schauener Seenkette bildet einen bedeutenden Flachwassersee mit breiten Ufer- und Gelegezonen. Es bietet Lebensraum für bestandsbedrohte Pflanzen- und Tierarten wie Orchideen, Fischotter, Fisch- und Seeadler, Beutelmeisen, Rohrdommeln, Eisvögel und viele mehr. Aale, Zander, Hechte und Karpfen sind die häufigsten Fische, die hier vorkommen.

Die Fischerei Köllnitz, die den naturbelassenen See befischt, liefert den Ertrag täglich fangfrisch auf den Tisch. Obwohl die Fischerei in der DDR seit den 1970er Jahren zu einer intensiven Fischwirtschaft ausgebaut worden war, teilweise mit Netzkäfighaltung, blieb die Ursprünglichkeit der Landschaft erhalten. Mit der Wende 1989/90 änderte sich der Absatzmarkt. Die neu gegründete Fischereigenossenschaft Köllnitz legte von nun an großen Wert auf Qualität und eine nachhaltige Bewirtschaftung. Inzwischen ist die Fischerei Köllnitz ein beliebtes Ziel für Fischerei-Interessierte und Naturfreunde. In der hauseigenen

Groß Schauener See

Seehotel Köllnitzer Hof

Fischräucherei werden täglich die verschiedensten Fischspezialitäten über Buchen- und Erlenspänen geräuchert. Lebender oder küchenfertig vorbereiteter Fisch wird im Hofladen angeboten. Für den kleinen Hunger nach einer Radtour oder Wanderung gibt es ein breites Angebot an frischen Fischbrötchen. Die Fischereigenossenschaft Köllnitz hat die Seefläche und das Fischereirecht von der Heinz Sielmann Stiftung gepachtet, die 2001 den See erwarb, um für dieses Gebiet eine nachhaltige Entwicklung zu sichern. Von der Fischerei Köllnitz führt ein Naturlehrpfad durch das Ufergelände zum Naturbeobachtungsturm Selchow. Mit etwas Glück können Fischotter oder sogar Seeadler beobachtet werden. Heute bilden die Fischerei Köllnitz, das Seehotel Köllnitzer Hof, das Restaurant »Fischerstuben«, ein Fischereimuseum und der Hofladen ein Ensemble, das sich der nachhaltigen Fischereiwirtschaft und leckeren Fischgerichten verschrieben hat. Wer selbst die Angelrute schwingen möchte, kann ein Ruderboot mieten, denn nur vom Boot aus ist das Angeln erlaubt. Den See mit einem Ruderboot erkunden darf man allerdings auch ohne zu angeln.

Das Seehotel Köllnitzer Hof ist ein familiär geführtes Haus mit direkter Seelage, das sich zurückgezogen im hinteren Bereich der Anlage befindet. Es stehen elf komfortabel ausgestattete Doppelzimmer zur Verfügung.

Selbstverständlich finden sich auf der Karte des Restaurants »Köllnitzer Fischerstuben« Gerichte von Fischen aus einheimischen Gewässern. Verspeist man auf der Terrasse mit Blick auf den See, die Fischteiche, Kanäle und Boote einen vorzüglichen Zander, weiß man genau, wo der einmal geschwommen ist.

Anlegestege am Groß Schauener See

SEEHOTEL KÖLLNITZER HOF

Groß Schauener Hauptstraße 31, 15859 Storkow (Mark)
Tel.: 033678-69 60 / 0152-213 861 07
info@koellnitz.de
www.koellnitz.de

Fischerei & Hofladen Fischerei Köllnitz eG
Groß Schauener Hauptstraße 31, 15859 Storkow (Mark)
Tel.: 033678-620 06
info@koellnitz.de
www.koellnitz.de
Öffnungszeiten: Sommerzeit: täglich 9–17 Uhr
Winterzeit: täglich 9–15 Uhr

Restaurant Köllnitzer Fischerstuben
Groß Schauener Hauptstraße 31, 15859 Storkow (Mark)
Tel.: 033678-610 84
info@koellnitz.de
www.koellnitz.de

Hofladen
Hof Marienhöhe

Von Bad Saarow eine Anhöhe weiter in Richtung Kolpin, gelangt man nach wenigen Kilometern zum Hof Marienhöhe. Es ist ein großer Bauernhof, auf dem rund 40 Menschen leben und eine nachhaltige Forst-, Land- und Viehwirtschaft betreiben. Auf dem ehemaligen Vorwerk des Rittergutes Saarow erprobte ab 1928 der Landwirt Erhard Bartsch die biologisch-dynamische Landwirtschaft nach Rudolf Steiner. Der Hof wurde zu einem Zentrum der Demeterbewegung. Sowohl zur Zeit der nationalsozialistischen Herrschaft als auch in der DDR konnte der privat geführte Landwirtschaftsbetrieb durchgehend die biologisch-dynamische Wirtschaftsweise beibehalten. Der Hof Marienhöhe gilt als der älteste biologisch-dynamisch arbeitende Hof in Deutschland. Von April bis Oktober finden an jedem letzten Samstag des Monats Hofführungen mit Themenschwerpunkten statt, wie zum Beispiel Milchviehhaltung, Ackerbau, Gärtnerei oder Bäckerei. Neben einem umfangreichen Sortiment an Bio-Lebensmitteln und zertifizierter Naturkosmetik anderer Hersteller werden im Hofladen eigene Produkte verkauft. Die Milch der Kühe wird täglich frisch zu einer Reihe von Produkten verarbeitet, darunter natürlich auch leckerer Rohmilchkäse. Getreide wird dienstags und freitags in der Hofbäckerei zu Brot und anderen Leckereien verbacken. Auch Fleisch und Wurst von den auf dem Hof gehaltenen Tieren, Kartoffeln, Gemüse, Kräuter und Obst sowie wöchentlich frisch gepresstes Leinöl werden im Hofladen angeboten. Beste Demeter-Qualität direkt vom Erzeuger!

HOFGEMEINSCHAFT MARIENHÖHE

Marienhöhe 3, 15526 Bad Saarow
Tel.: 033631-26 05
hofladen@hofmarienhoehe.de
www.hofmarienhoehe.de

Öffnungszeiten:
Dienstag 15 –18 Uhr, Freitag 10 –18 Uhr, Samstag 9 –12 Uhr

Als Deutschlands erste Roggen-Whisky-Destillerie rühmt sich die Brennerei Spreewood Distillers in der kleinen, für den Spreewald so typischen Ortschaft Schlepzig. 2016 übernahmen Steffen Lohr, Bastian Heuser und Sebastian Brack, alle drei vorher schon in der Spirituosenbranche tätig, als »Spreewood Distillers« die 2003 gegründete Spreewald-Destillerie. Im Ortskern von Schlepzig ist sie in einem großen Vierseithof untergebracht. Neben der eigentlichen Brennerei beherbergen die Gebäude ein Hof-Café, einen Hofgarten, das Brennhaus, die Whisky-Scheune sowie eine Kahnterrasse mit direktem Zugang zum Spreekanalnetz.

Die Destillerie ist die älteste Whisky-Destillerie Brandenburgs. Der verarbeitete Roggen stammt selbstverständlich aus Brandenburg. In dem Gehöft werden Whisky, Gin und Rum gebrannt und zur Reifung gebracht. Neben dem mehrfach ausgezeichneten Stork Club Whisky pro-

duzieren die Spreewood Distillers den Humboldt-Gin, einen Butterbird Rum sowie eine kleine Auswahl an Likören. Whisky-Liebhaber können sich den Stork Whisky aus Roggen auch direkt aus einem amerikanischen Eichenfass abfüllen lassen. Auf die Flasche wird handschriftlich Abfülldatum, Alter, Roggen und der Alkoholgehalt eingetragen. So, wie vermutlich ein Whisky liebender Schotte den Storch benennen würde, wurde der Whisky aus Schlepzig lautmalerisch Stork getauft. Auf dem Flaschenetikett ist ein Storch abgebildet, der über seinem Nest flattert. Gut gelandet im Spreewald!

SPREEWOOD DISTILLERS

Inhaber: Steffen Lohr, Bastian Heuser
Dorfstraße 56, 15910 Schlepzig
Tel.: 035472-659 142
info@spreewood-distillers.com
www.spreewood-distillers.com

Öffnungszeiten:
Café und Hofverkauf
April bis einschließlich Oktober: täglich 10 –17 Uhr. Tastings und Veranstaltungen auf Anfrage.
November bis einschließlich März: Donnerstag bis Sonntag 10 –17 Uhr (feiertags geöffnet).
Zwischen Weihnachten und Neujahr geschlossen.

Confiserie Felicitas

So wie früher Handwerksberufe in Straßen angesiedelt waren, die ihren Beruf im Namen trugen, sind das Stammhaus und die Produktionsstätte der Confiserie Felicitas heute im Schokoladenweg in Hornow zuhause. Um dem großen Andrang von Liebhabern belgischer Schokolade und Pralinen gerecht zu werden, wurde hier 2014 das SchokoLadenLand Felicitas eröffnet. Das moderne Gebäude ist mehr als nur ein großer Werksverkauf, wo einem vor lauter Schokolade, kunstvollen Schokoladenfiguren und einer großen Pralinentheke das Wasser im Munde zusammenläuft. Neben Produktionsführungen ist das Besondere eine Mitmach-Schauwerkstatt, in der jeder hinter großen Glasscheiben Schokolade herstellen und Schokoladenkarten mit Schokolade bemalen und mit feinen Spritzkanülen beschriften kann. Angeschlossen ist ein Café mit Terrasse, das selbstverständlich verschiedene Arten warmer Schokolade auf der Karte führt.

Nach mehrjähriger Entwicklungshilfe in Nigeria entdeckten Goedele Matthyssen und Peter Bienstman ihre Liebe zur Lausitz. Nachdem Goedele Matthyssen ihre Ausbildung zur Chocolatiere in Antwerpen erfolgreich abgeschlossen hatte, richtete sie 1992 in einem LPG-Gebäude in Hornow eine Küche für Schokoladenherstellung ein, die sich stetig vergrößerte. Inzwischen gehören die Schokoladenmanufaktur Confiserie Felicitas und das SchokoLadenLand zu dem kleinen Dorf Hornow mit seiner sorbisch/wendischen Geschichte, als wäre hier in der Lausitz noch nie etwas anderes als belgische Schokolade vom Feinsten hergestellt worden.

CONFISERIE FELICITAS

Inhaber: Goedele Matthyssen und Peter Bienstman
SchokoLadenLand Felicitas
Schokoladenweg 1
03130 Spremberg OT Hornow
Tel.: 035698-805 550
info@confiserie-felicitas.de
www.confiserie-felicitas.de

Öffnungszeiten:
Montag bis Samstag 8–18 Uhr,
Sonntag 14–18 Uhr. Geschlossen an brandenburgischen Feiertagen.

Hofladen
Ziegenhof zur Wolfsschlucht

Durch den scheinbar endlosen, trockenen Kiefernwald zieht sich die Straße tief im Südosten Brandenburgs. Plötzlich geht es nach unten und ein grünes Tal mit Wiesen, Weiden und alten Laubbäumen öffnet sich. Zwischen einigen wenigen Häusern gibt es eine Kreuzung, nach rechts geht es zu den Ziegenhöfen in Pusack und nach links führt der Weg zum Ziegenhof in der Wolfsschlucht von Andrea Roß und Klaus-Bernd Günther. Rund hundert Meter weiter fließt hinter einem Auenwäldchen die Lausitzer Neiße. Auf der anderen Seite liegt Polen. Er, Sozialpädagoge, und sie, Lehrerin, fanden vor 25 Jahren kurz nach der Wende dieses kleine Bauernhaus mit großem Grundstück. Das ruhige Fleckchen Erde sollte ihr neues Zuhause werden. Vor zehn Jahren kamen die Ziegen dazu und mit ihnen die Ziegenkäseherstellung. Erst waren es zwei Tiere, heute sind es rund 20 Ziegen und ein Bock. Selbstverständlich fressen sie das frische Gras der großen Weide. An das kleine Wohnhaus wurden Ställe, eine Käserei und ein Reiferaum angebaut. Inzwischen haben es die beiden bei der Herstellung von Ziegenkäse zur Meisterschaft und ungewollt zu überregionaler Bekanntheit gebracht. Fernsehen und Tageszeitungen aus Berlin haben über ihre kleine Ziegenkäserei berichtet. Köche aus Berlin meldeten sich, doch

Ziegenbauer Klaus-Bernd Günther

Gartenwirtschaft des Ziegenhofes in der Wolfsschlucht

der Ziegenbauer Günther, dem man seine ostfriesische Heimat noch immer ein bisschen anhört, ließ sich nicht beirren. Beliefert werden ausschließlich ein paar Hofläden in der näheren Umgebung. Wer sonst den leckeren Ziegenkäse aus Rohmilch kosten möchte, muss selbst vorbeikommen oder ihn direkt auf dem Hof kaufen. In den Sommermonaten kehren gerne Radfahrer vom Oder-Neiße-Radweg in die kleine Gartenwirtschaft ein, die sich im Laufe der Zeit eher zufällig entwickelt hat. Der Ziegenhof in der Wolfsschlucht liegt im Teilstück des Radwanderwegs zwischen Forst und Bad Muskau und hat zwischen März und Oktober geöffnet, denn ab November macht die Ziegenkäserei Pause bis zum nächsten Frühjahr. Der Teller mit verschiedenen Käsesorten oder die Ziegenkäseplatte, dekoriert mit Blüten aus dem eigenen Garten, dazu frisches Dinkelbrot und ein Gläschen Wein vom Weingut Marbach, das nur ein paar Kilometer entfernt liegt, lässt die Rast zu einem Genuss werden. Das experimentierfreudige Ziegenkäser-Ehepaar hat Käsesorten kreiert, die nur hier in der Wolfsschlucht hergestellt werden wie zum Beispiel den »Bärtigen Pusacker« mit Camembertschimmel, das »Freche Böckchen« mit Bockshornkleesamen oder »Rotunde«, einen an einen französischen Munster angelehnten Ziegenkäse. Es werden nur kleine Mengen an Käse hergestellt, gerade so viel, wie das Ehepaar und die Ziegen mit ihrer Milch schaffen können. So soll es auch bleiben, immer ruhig und entspannt – und dazu einen leckeren Ziegenkäse.

Hofladen, Hausglocke des Hofes

ZIEGENHOF ZUR WOLFSSCHLUCHT

Inhaber: Andrea Roß und Klaus-Bernd Günther
Pusack 1, 03139 Neiße-Malxetal OT Jerischke
Tel.: 035600-317 53
info@ziegenhof-wolfsschlucht.de
www.ziegenhof-wolfsschlucht.de

Öffnungszeiten:
März bis Oktober: Mittwoch bis Sonntag 11–18 Uhr

Im Herbst zur Weinlese nach Jerischke!
Landhaus und Weingut Marbach

43

Hubert und Hildegard Marbach begannen 2002 mit dem Umbau des großen, langgestreckten und über die Jahre marode gewordenen Pferdestalls, in dem früher die Pferde eines Ritterguts standen. Noch bis 1928 wurde der Ort in Dorf und Rittergut unterteilt. Das Herrenhaus zu dem Gut aus dem 19. Jahrhundert steht auf dem Nachbargrundstück und wird heute als Wohnhaus genutzt.

Der Bauherr Marbach hat sich um die Jahrtausendwende von seinem erfolgreichen Managerleben verabschiedet, um mit seiner Frau, von Beruf Lehrerin, etwas Neues auf die Beine zu stellen. Nach zwei Jahren Bauzeit war aus dem Pferdestall ein schmuckes Landhaus in einem kleinen Park geworden. Die 200 Jahre alte Blutbuche am Eingang des Anwesens wird die Veränderungen gespannt verfolgt haben. Um das Landhaus erwarb Marbach einen 660 Hektar großen Wald, der bewirtschaftet und von dem Ehepaar Marbach selbst bejagt wird, einen Teich und einen einige hundert Meter entfernten Weinberg, zu dem eine romantische Allee aus alten Eichen führt. Der historisch belegte fünf Hektar große Weinberg, der jedoch brachlag, reizte Hubert Marbach, den Winzersohn aus dem Rheinland, besonders. Er ließ den Weinberg wieder herrichten und aufreben. Zur Bewässerung wird über eine Wasserleitung das Teich-

Landhaus Marbach in einem umgebauten Pferdestall

Brandenburger Wein vom Wolfshügel in Jerischke

Hubert Marbach, Weinberg Marbachs Wolfshügel

Landhaus Marbach mit Park

wasser in den Weinberg gepumpt. Unter dem Etikett »Marbachs Wolfshügel« werden mittlerweile 30.000 Flaschen weißer und roter Riesling, Johanniter, Cabernet-Cortis und Regent gekeltert. Die Abfüllung erfolgt separat im Weingut Schloss Proschwitz bei Meißen. Zur Weinlese kommen die Nachbarn aus der Ortschaft Jerischke. Nach getaner Arbeit treffen sich die Helfer zusammen mit dem Winzerehepaar in der kleinen Blockhütte im Weinberg zu einem Umtrunk. Den Wein kann man nach telefonischer Anmeldung im Landhaus erwerben.

Wer zeitig reserviert, kann zur Weinlese eine der Ferienwohnungen im Landhaus mieten, die beim Umbau des Pferdestalles in das schmucke Landhaus in der oberen Etage eingebaut wurden. Allerdings beträgt der Mindestaufenthalt eine Woche und die Gäste versorgen sich selbst. Für weniger Übernachtungen ist Hubert und Hildegard Marbach inzwischen der Aufwand zu groß – denn täglich ruft der Weinberg!

LANDHAUS UND WEINGUT MARBACH

Inhaber: Hubert und Hildegard Marbach
Jerischke 2, 03159 Neiße-Malxetal OT Jerischke
Tel.: 035600-233 35
hmarbach@t-online.de
www.landhaus-marbach.de

Südwesten

Gebt mir Herberge im Schloss!
Schloss Uebigau

Stolz sind die Uebigauer, dass ihre rund 1.500 Einwohner zählende Ortschaft seit 1303 das Stadtrecht besitzt. Bedeutend war sie wegen ihrer Lage an alten Heerstraßen und Handelswegen und vor allem an einem Flussübergang der Schwarzen Elster. Archäologische Funde verweisen auf eine sehr frühe Besiedelung der Gegend, in der sich heute Naturschutzgebiete befinden. In einem davon, dem Naturschutzgebiet »Schweinert«, verbirgt sich eines der größten Hügelgräberfelder Mitteleuropas aus der Bronzezeit. Die Ortschaft selbst geht wohl auf eine germanische und slawische Besiedlung zurück. Vermutlich befand sich im 11. Jahrhundert im Park des Uebigauer Schlosses eine slawische Burg. In gleicher Lage entstand später ein Rittergut, dessen Entwicklung allerdings nur lückenhaft nachgewiesen ist.

Das um 1700 entstandene Gutshaus wurde im 19. Jahrhundert durch ein neues Herrenhaus ersetzt. Weitere Umbauten folgten. Auf dem Gutsgelände wurde sogar eine Bierbrauerei eingerichtet. Der Besitzer Bock von Wülfingen veranlasste 1904 den Umbau des Hauses zu seinem heutigen Aussehen in Anlehnung an Rokoko und Renaissance. Zu Beginn der DDR-Zeit war das Gebäude eine Ausbildungsstätte für Erwachsene, doch schon 1951 wurde es zu einer

Ehemalige Wirtschaftsgebäude mit Ferienwohnungen

Schlossherberge Uebigau, Rezeption, Frühstücksraum im Gutshaus

Jugendherberge und erhielt 1987 die Auszeichnung »Schönste Jugendherberge der DDR«. Seit 1996 wird das Ensemble aus Schloss, Schlosspark und der historischen Straßenbebauung schrittweise saniert und erneuert. Wohlwissend, dass die Unterkunft im Schloss Uebigau nicht den Kriterien entspricht, die an ein Hotel gestellt werden, sondern vielmehr an eine gute Jugendherberge oder ein Hostel, erfand die Stadt Uebigau die Kategorie der »Schlossherberge«, was in Deutschland einmalig sein dürfte. Es stehen knapp 50 Betten in Einzel-, Doppel- und (der Herberge gerecht werdend) Mehrbettzimmern zur Verfügung. Die Toiletten befinden sich auf den Fluren, die Duschen im Keller. Wer Verpflegung möchte, kann eine Halbpension in Buffetform buchen. Geeignet ist die Unterkunft für Gruppen und Familien, die günstig in einem Schlösschen mit schönem Park übernachten möchten, oder für Familientreffen, besonders, wenn eine Hochzeit ansteht, denn im Schloss ist ein hübsches standesamtliches Trauzimmer eingerichtet.

Gegenüber dem Schloss wurden zwei Häuser, die den Schlosshof umrahmen, zu Gästehäusern umgebaut. Hier gibt es Zimmer mit Dusche und Toilette, die mit einem einfachen Hotel durchaus mithalten können. Wer mit dem Jugendherbergsleben im Schloss nichts am Wanderhut hat, kann also einfach auf die ehemaligen Gesindehäuser ausweichen.

SCHLOSS UEBIGAU

Schloßstraße 9, 04938 Uebigau-Wahrenbrück OT Uebigau
Tel.: 035365-82 93
info@schlossherberge.de
www.schlossherberge.de

Springbach-Mühle

Angetrieben vom Wasser des Springbachs dreht sich unaufhaltsam das große Mühlrad am Fachwerkhaus der Springbach-Mühle. Zwischen alten Bäumen steht die ehemalige Mühle in einer anmutigen Senke mitten im Wald. Das dazugehörige parkähnliche Grundstück zieht sich einen Hügel hinauf. Eine große Terrasse mit Tischen und Sonnenschirmen lädt zum Verweilen ein. Vor ruhig in der Sonne funkelnden Fischteichen stehen Tische und Bänke unter schattigen Bäumen. Dem beeindruckenden Hauptgebäude schließen sich Wirtschaftsgebäude und Stallungen für Pferde an, die manchmal offene Planwagen oder Hochzeitskutschen durch die weite Landschaft des Flämings ziehen.

Die heutigen Besitzer Regina und Gustav Muschert erwarben die Mühle 1997 in zerfallenem Zustand. In kurzer Zeit renovierten sie das alte Gemäuer und formten daraus ein Restaurant, das sich unter Küchenchef Max Leine der saisonalen regionalen Küche des Fläming verpflichtet sieht, die mit überregionalen und internationalen kulinarischen Schöpfungen ergänzt wird. Die Springbach-Mühle war nicht die einzige Mühle am Springbach, der bei dem nahe gelegenen Reha-Klinikum »Hoher Fläming« im Oberlinhaus Bad Belzig

Springbach-Mühle mit Mühlrad

Pferdekutsche im Hohen Fläming, Wegweiser für Wanderwege, Fototermin am Fischteich

entspringt. Nicht weit entfernt zeigen sich neben einem Wanderweg mitten im Wald Teiche und die überwucherte Ruine einer früheren Ölmühle.

Bad Belzig, das bis 2010 lediglich als Stadt Belzig und Luftkurort bekannt war, kann auf eine lange Geschichte des Betriebs von vornehmlich Papier- und Ölmühlen zurückblicken, die 1634 ihren dokumentierten Anfang nahm. Auch die Springbach-Mühle wurde 1749 als Ölmühle unter dem Namen »Neue Mühle« erbaut. Im Laufe der Zeit wechselten ihre Besitzer und mit ihnen auch die Mühlenart. Als »Preußenmühle«, benannt nach ihrem Besitzer Johann Heinrich Preuße, der sie 1824 erwarb, war sie eine Papiermühle. Schon nach acht Jahren zerstörte jedoch ein Feuer das Gebäude. Nach einem zweijährigen Wiederaufbau drehte sich das Mühlrad wieder. Umbauten folgten 1862 und nach ihrem damaligen Besitzer als »Hannemanns Mühle« benannt, wurde sie zu einer Mahl- und Schneidemühle. Sie konnte nicht nur mahlen, sondern auch Holzstämme zu Brettern schneiden bzw. sägen.

Gartenterrasse des Restaurants Springbach-Mühle

Nach der Renovierung und dem Umbau zu einem Hotel- und Gastronomiebetrieb heißt sie seit 1998 Springbach-Mühle. Nun nach dem Bach getauft, an dem sie liegt, verfügt sie über Tagungs- und Veranstaltungsräume. In gemütlich-rustikalem Ambiente lässt es sich hier so gut arbeiten wie feiern. Auf mehrere Gebäude, die hinter dem Mühlhaus und im Park verstreut stehen, verteilen sich 56 komfortabel eingerichtete Zimmer. Über eigene Zufahrtswege sind die Unterkünfte bequem erreichbar. Und wer die Nähe zu Tieren sucht, muss nicht warten, bis nach langem Stillhalten ein Hirsch auf die Lichtung schreitet, denn ein Streichelzoo sowie ein Damwild- und Mufflongehege lassen ein naturnahes Erlebnis zwischen Mittagessen und Kaffee und Kuchen zu.

SPRINGBACH-MÜHLE

Mühlenweg 2, 14806 Bad Belzig
Tel.: 033841-795 600
info@springbachmuehle.de
www.springbachmuehle.de

Restaurant
Öffnungszeiten: Montag bis Samstag ab 11.30 Uhr, durchgehend warme Küche
Sonntag: warme Küche 11.30 –14.30 Uhr, 17.30 – 21 Uhr
Sonntag: Kaffeenachmittag 14.30 –17.30 Uhr

Entspannen in der Villa Adlon
Gästehaus am Lehnitzsee

Im Berliner Luxushotel Adlon am Pariser Platz steigen seit jeher berühmte Persönlichkeiten aus aller Welt ab. Nach dem Tod des Erbauers und Gründers Lorenz Adlon im Jahr 1921 übernahm sein Sohn Louis die Leitung und machte das Haus weit über Berlin hinaus zu einer der ersten Adressen.

Louis war das zweite von drei Kindern des erfolgreichen Hoteliers und führte das erstklassige Hotel am Ende des Boulevards Unter den Linden bis an sein Lebensende. Einige Jahre nach der Übernahme ließ er 1926/27 auf einem etwa 5.100 Quadratmeter großen Grundstück am Lehnitzsee in Neu Fahrland vom Architekten Hans Rottmayer die Villa Adlon im Stil des Neo-Barock erbauen. Er schuf ein stilvolles Anwesen mit einer für die damalige Zeit modernen Ausstattung. Die Stuckdecken versah er mit einer indirekten Beleuchtung. Die Villa sollte dem Hotel Adlon in Berlin in nichts nachstehen.

Mit seiner ersten Ehefrau Tilly hatte Louis Adlon fünf Kinder. Nach fünfzehn Jahren Ehe ließ er sich scheiden und heiratete die Deutsch-Amerikanerin Hedwig Leythen, genannt Hedda. Wahrscheinlich war sie es, die das Anwesen mit in die Ehe gebracht hat. Es soll ursprünglich ein einfaches Holzhaus darauf gestanden haben.

Gästehaus am Lehnitzsee, die frühere Villa Adlon

Villa Adlon, Blick auf den Lehnitzsee, Kaminzimmer, Blick in den Park

Neben der repräsentativen Villa mit einem Ehrenhof zur Straße und einer Freitreppe zum Park ließ Louis Adlon ein Gärtnerhaus, ein Bootshaus und einen Reitstall errichten. In der Villa am See gab er große Empfänge, zu denen Berliner und Babelsberger Prominenz aus Politik, Wirtschaft, Film und Kunst geladen wurden. Mit Ausbruch des Zweiten Weltkrieges ließen die Festlichkeiten nach und die Adlons besuchten die Villa nicht mehr so häufig.

Als die russische Armee das zerstörte Berlin erreichte, glaubte sich Adlon in Neu Fahrland sicherer als in der Hauptstadt. Doch auch dort drangen russische Soldaten ein. Dabei soll eine Bedienstete Adlon mit »Generaldirektor« angesprochen haben, was dem Hausherrn zum Verhängnis wurde. Die russischen Soldaten verstanden nur »General« und führten Adlon ab, er starb wenige Wochen nach seiner Verhaftung 1945 in russischer Haft. Bei den Dreharbeiten zu dem 2012 gedrehten dreiteiligen Fernsehfilm »Das Adlon – Eine Familiensaga« war es ein Glücksfall, dass die Villa Adlon in Neu Fahrland so gut erhalten ist und sie als Drehort genutzt werden konnte.

Nach Adlons Tod diente die Villa während der Potsdamer Konferenz als Unterkunft für sowjetische Marineangehörige, in der DDR wurde sie als Kinderklinik und später als Schule für Zivilverteidigung genutzt. Bis zur Rückübertragung an die Adlon-Erben nach der Wende 1989/90 nutzte das Land Brandenburg das Anwesen als Landesakademie für öffentliche Verwaltung. Die Erben der Familie Adlon verkauften 2011 die Villa mit dem großen Seegrundstück.

Die neuen Besitzer renovieren seit 2012 das Anwesen denkmalgerecht. Die Villa dient als Ort für kulturelle Veranstaltungen, alle vorhandenen Gebäude werden als Boardinghaus genutzt. Viele der Räume und Zimmer sind im extravaganten Stil der 1920er Jahre eingerichtet und laden zum Ausspannen im idyllischen Seeambiente ein. Wer möchte, kann die Gemeinschaftsküche im Untergeschoss der Villa benutzen, aber auch die Apartments sind mit einer Küchenzeile ausgestattet. Übernachten kann man nicht nur im imposanten Hauptgebäude, sondern auch im Pförtner-, Garten- oder Bootshaus. Überall sind die Räumlichkeiten anders gestaltet und schaffen eine ganz eigene Atmosphäre. Nach einem Ausflug in die Stadt Potsdam und die umliegende traumhafte Seenlandschaft kann man im schönen Park der Villa Adlon entspannen und mit etwas Glück sogar einen farbenprächtigen Eisvogel beobachten.

GÄSTEHAUS AM LEHNITZSEE

Am Lehnitzsee 2, 14476 Potsdam OT Neu Fahrland
Tel.: 033208-210 855
info@gaestehaus-lehnitzsee.de
www.gaestehaus-lehnitzsee.de

Im Schlafwagen der Transsibirischen Eisenbahn 47
Schlafwagen Hotel Bahnhof Rehagen

Zu einem außergewöhnlichen Übernachtungsort führen auch außergewöhnliche Wege: Der Bahnhof Rehagen, auf dessen Gleisen zu einem Hotel umgebaute Schlafwagen stehen, liegt an der Draisinen-Strecke in Teltow-Fläming und kann mit Muskelkraft auf Schienen angefahren werden. Bequemer, wenn auch weniger spaßig, ist natürlich auch die Anreise mit dem Auto möglich.

Der erste Bahnhof in Rehagen-Klausdorf wurde 1875 für die Königlich Preußische Militär-Eisenbahn in Betrieb genommen, die auf der Strecke Soldaten von Berlin zum Schießplatz Kummersdorf beförderte. Am 15. Mai 1876 wurde der Bahnhof für den öffentlichen Personenverkehr freigegeben. Nach vorhergehenden Erweiterungen und Umbauten erhielt er von 1906 bis 1912 ein großes Empfangsgebäude. Beteiligt waren die königlichen Bauräte Schultze und Weiß. In Rehagen stand nun der stattlichste Bahnhof an der Strecke – und das ist er noch heute. Die vom Militär genutzten Räume wurden ab 1921 zu Wohnungen umgebaut, in der Kantine richtete sich eine öffentliche Bahnhofswirtschaft ein. Die Eisenbahndienst- und Büroräume blieben.

Nach der Einstellung des Personenverkehrs und der Stilllegung der Anlagen auf dem Streckenabschnitt Zossen–Sperenberg am 18. April 1998 kauften

Bahnhof Rehagen-Klausdorf

Schlafwagen Hotel Bahnhof Rehagen, Bahnsteig als Terrasse des Restaurants

Schlafwagen Hotel Bahnhof Rehagen

Manja und Christophe Boyer 2010 den etwas heruntergekommenen Bahnhof samt der davorliegenden Gleisanlagen und eröffneten ein Restaurant. Seither bewirtet der gebürtige Franzose dort seine Gäste mit Speisen aus seiner Heimat, es finden Veranstaltungen statt und auf den Gleisen, die am weitesten vom Bahnhof entfernt sind, stehen drei große Schlafwagen-Waggons. Zwei von ihnen wurden in der DDR für die Transsibirische Eisenbahn gebaut, aber infolge der Wende nicht mehr ausgeliefert. Der dritte Waggon stammt aus den 1930er Jahren und wird liebevoll auch »Donnerbüchse« genannt. Über eine Crowdfunding-Kampagne kam 2018 genügend Geld zusammen, um die Waggons mit einer Heizung auszustatten und so winterfest zu machen. Bis zu 26 Personen können in den acht Abteil-Zimmern, in denen viele der Originalmöbel erhalten sind, das Flair eines luxuriösen Schlafwagenabteils genießen. Jedes Zimmer ist mit einem Doppelbett, Fernseher, eigenem Duschbad und WC ausgestattet. Darüber hinaus gibt es Aufbettungsmöglichkeiten auf original Schlafwagenliegen, sodass in manchen Zimmerabteilen auch vier Personen übernachten können. Das Frühstück wird in der ehemaligen Schalterhalle serviert.

Die Atmosphäre im Bahnhof Rehagen in Teltow-Fläming ist international, man spricht deutsch, französisch und englisch. Weil das erhaltene Bahnhofsgebäude auch in Frankreich stehen könnte, diente der Bahnhof Rehagen als Kulisse für den Film »Monument Men« (2014) von und mit George Clooney. Obwohl kostengünstig, reiste Clooney allerdings nicht mit der Draisine an.

SCHLAFWAGEN HOTEL BAHNHOF REHAGEN

Am Bahnhof Rehagen 1a, 15838 Am Mellensee OT Rehagen
Tel.: 033703-689 692
info@bahnhof-rehagen.de
www.bahnhof-rehagen.de

Schlafwagen Hotel
Buchung Donnerstag bis Sonntag unter Tel.: 033703-689 692 oder über die Webseite

Restaurant
Öffnungszeiten: Donnerstag und Freitag ab 16 Uhr
Samstag ab 10 Uhr, Sonntag 10 – 20 Uhr

Steine klopfen am stillgelegten Bahndamm
Bildhauer Bahnhof

Groß und mächtig steht der alte Bahnhof Sperenberg an den stillgelegten Gleisen der Bahnstrecke Berlin–Jüterbog, die seit Ende des 19. Jahrhunderts vom preußischen Heer betrieben wurde und daher auch als Militäreisenbahn bekannt war. Hier wurden Truppen von Berlin-Schöneberg zu ihren Schieß- und Manöverplätzen gefahren. Doch bald nutzte man die Strecke auch für den Güter- und Personenverkehr.

Die Bahnlinie wurde bereits 1874 eröffnet und die letzte Teilstrecke von Zossen nach Sperenberg erst 1998 stillgelegt. Der Bahnhof Sperenberg selbst war ab 1875 in Betrieb. Die noch vorhandenen Bahnanlagen der Militäreisenbahn und der Bahnhof Sperenberg stehen unter Denkmalschutz.

2011 hat das holländische Künstlerehepaar Ine und Wouter Spruit in dem Bahnhof eine künstlerische Bildhauer-Werkstatt mit einem angeschlossenen Handel für Bildhauer-Bedarf eingerichtet. In einem alten Schuppen der Bahnhofsanlage befindet sich das Atelier mit einer Sammlung roher Steine. Im Laufe der Zeit hat sich der große Garten mit den alten Bäumen in einen inspirierenden Skulpturengarten verwandelt. Für alle, die sich für Bildhauerei interessieren, bieten Ine und Wouter Spruit Bildhauerkurse an, bei denen

Skulpturengarten am Bahnhof Sperenberg

Bahnhof Sperenberg

verschiedene Materialien und Techniken unter professioneller Anleitung ausprobiert werden können.

Nicht nur für die Teilnehmer der Kurse, auch für jeden anderen Gast sind im Hauptgebäude zwei schöne Gästezimmer mit Bad, WC und kleiner Küche vorhanden. Auf Wunsch gibt es ein hausgemachtes Frühstück. Für Romantiker stehen beim Bildhaueratelier zwei kleine Zelthäuschen in Holzbauweise bereit, die zu einem besonderen Übernachtungs-Erlebnis einladen. Und schon gleich nach dem Aufstehen animieren die Kunstwerke im Garten die Gäste zum eigenen kreativen Tun – ohne Fleiß kein Kunstpreis!

BILDHAUER BAHNHOF

Inhaber: Ine und Wouter Spruit
Bahnstraße 1 (Einfahrt links von der Trebbiner Straße 30)
15838 Am Mellensee OT Sperenberg
Tel.: 033703-159 676
info@bildhaukurse.de
www.bildhaukurse.de

Bildhauer Bahnhof

Seit mehr als 80 Jahren ist die Mühle am Ortsausgang von Luckenwalde in Besitz der Familie Steinmeyer. Mit großem Traditionsbewusstsein und Entwicklungsfreude für neue Produkte stemmt sich die Müllermeisterin Karin Steinmeyer hier gegen die Konkurrenz der an Konzerne angeschlossenen Großmühlen.

Erbaut wurde die Mühle 1923 am Standort einer historischen Bockwindmühle. Die Großeltern von Karin Steinmeyer kauften die Mühle 1932. Als Handwerksbetrieb kann die Mühle Steinmeyer die Preise der Konzerne nicht unterbieten, doch in Sachen Qualität hat sie eine erfolgreiche Nische gefunden. Das Korn, vor allem Weizen und Roggen, stammt ausschließlich von ausgewählten Bauernhöfen aus der Region. Da nur kleinere Mengen verarbeitet werden, kommt das Mehl so frisch in den Verkauf, dass es alle seine Aromen und kostbaren Vitalstoffe behält. Die hohe Qualität der Mehle ist nicht nur dem Bäckereihandwerk bekannt, auch Köche aus Berlin, die für ihre Spitzenrestaurants das Brot selbst backen, haben die Mühle entdeckt.

Über ein paar Stufen und eine Laderampe gelangt man in den kleinen Laden der Mühle. Im Nebenraum dröhnen die elektrisch betriebenen Mahlwerke. Im Mühlenladen können nicht nur abgepackte Mehle, Roggen-Backschrot, Dinkel-Grieß oder Bio-Mehle aus Russisch-Banater Grannenweizen, sondern auch von der Müllerin selbst zusammengestellte Müsli-Sorten erworben werden. Auch Mehl-Mischungen für spezielle Brote wie Bruschetta, Kartoffelbrot oder Pizza-Rosmarin-Brot stehen in den Holzregalen. Ergänzt wird das Angebot mit regionalen Produkten anderer Handwerksbetriebe aus dem Bezirk Teltow-Fläming. Die Kleinen halten zusammen!

MÜHLE STEINMEYER

Inhaberin: Karin Steinmeyer
Ruhlsdorfer Chaussee 26
14943 Luckenwalde
Tel.: 03371-610 770
info@muehle-steinmeyer.de
www.muehle-steinmeyer.de

Öffnungszeiten:
Montag bis Freitag 9 – 17 Uhr

Ein kleiner Bahnhof mit Geschichte an der großen Strecke nach Prag

Bahnhof Klasdorf

Eitel verschmäht der blaue Eurocity Richtung Prag den kleinen, denkmalgeschützten Bahnhof in Klasdorf und braust einfach hindurch. Auch Güterzüge rattern eilig vorbei, obwohl die Verladerampe des alten Bahnhofs einst eine bedeutende Rolle für die Verschickung der Glasprodukte aus der nur vier Kilometer entfernten ehemaligen Glashütte spielte. Noch bis 1980 wurde in Glashütte Glas hergestellt. Ein prominenter Sohn der Ortschaft ist der Glastechniker Reinhold Burger (1866–1954), der Erfinder der Thermoskanne, die er 1903 patentieren ließ.

Aus den historischen Gebäuden der Glashütte wurde ein Museumsdorf, das seinen Besuchern die Sozial- und Technikgeschichte des Glasmacherortes anschaulich macht. Aber nicht nur Glasprodukte, auch beispielsweise Harz und Holz aus den umliegenden Wäldern fanden in Klasdorf ihren Weg auf die Schiene. Heute ist der alte Bahnhof immerhin noch per Regionalbahn und Bus erreichbar. Tatsächlich halten in Klasdorf-Glashütte in beiden Richtungen täglich fünf Züge des Regionalexpresses RE5 Süd, der zwischen Berlin-Gesundbrunnen und Elsterwerda verkehrt.

Bahnhof Klasdorf mit Ferienwohnungen

Café in der ehemaligen Güterabfertigung

Das etwa fünf Kilometer von Baruth entfernte kleine Angerdorf Klasdorf gehörte bis 1815 zum Königreich Sachsen und zur Baruther Herrschaft. Graf Sigismund zu Solms-Baruth (1853–1920) veranlasste im Jahr 1716 die Errichtung der Glasmachersiedlung Glashütte. Die damals nur eingleisige Bahnstrecke Berlin–Dresden über Elsterwerda eröffnete 1875, erst später wurde sie zweigleisig. Damit ging auch der Bahnhof Klasdorf-Glashütte, bestehend aus einem Bahnhofsgebäude, einem Stellwerk, einer Wartehalle und einem Toilettenhäuschen, in Betrieb. Graf Friedrich zu Solms-Baruth soll von der Bahnlinie und einem Bahnhof nicht sonderlich begeistert gewesen sein, er befürchtete wohl, das Jagdwild würde verscheucht. Doch in seinen späteren Jahren entdeckte er die Vorzüge des modernsten Verkehrsmittels der damaligen Zeit und ließ sich sogar einen ihm und seinen Gästen vorbehaltenen Warteraum im Bahnhof einrichten, mit eigener Zufahrtschleife zum Bahnhof für die Kutschen.

Lebendig erzählt die Rheinländerin Katharina Schicke von der Geschichte des kleinen Bahnhofs, den sie mit ihrem Mann, dem Geschäftsführer des Museumsdorfes Glashütte, vor einigen Jahren kaufte. Das Ehepaar sanierte den Bahnhof und richtete im ehemaligen Warteraum ein kleines Café ein mit Durchgang zur kleinen Güterhalle mit Verladerampe, deren Schiebetore im Sommer geöffnet werden. Den leckeren Kuchen backt die engagierte Bahnhofwärterin selbst. Im Wartesaal werden gelegentlich die Stühle des Cafés zu Sitzreihen geordnet und es finden Kulturveranstaltungen wie Jazz-Konzerte, Figu-

Café im Bahnhof

rentheater für Erwachsene oder Tangoabende statt. Die Wohnung des früheren Stellwerkers und andere Räume in den oberen Etagen des Bahnhofs wurden in Ferienwohnungen mit kleiner Küche umgewandelt. Insgesamt stehen zwölf Betten in drei Wohnungen zur Verfügung.

Wohnen und schlafen wie ein Stationsvorsteher – dieses Feeling bietet der kleine Bahnhof. Keine Nachtigallen, sondern die durchfahrenden Züge singen einen in den Schlaf, wie früher, als der Stationsvorsteher noch einen Schweine- und Hühnerstall beim Bahnhof unterhielt und der Hahn den ersten Zug am Morgen ankündigte. Heute kräht nur noch eine Lautsprecherdurchsage, wenn einer der wenigen Züge hält. Und dennoch: Eisenbahnfans und Kuchenlieb- haber kommen im Bahnhof Klasdorf gleichermaßen auf ihre Kosten.

BAHNHOF KLASDORF

Inhaberin: Katharina Schicke
Am Bahnhof Klasdorf 1, 15837 Baruth/Mark OT Klasdorf
Tel.: 033704-679 28
info@bahnhof-klasdorf.de
www.bahnhof-klasdorf.de

Bahnhofscafé
Öffnungszeiten: Mai bis September: Samstag, Sonntag und an Feiertagen 14–18 Uhr

Anhang

Übersichtskarte

Plauer See

Müritz

Pritzwalk

Wittstock

Rhein

11 10

Perleberg

8

Niedersachsen

Wittenberge

9

Dosse

Neu

Elbe

Rhinkanal

7

Sachsen-Anhalt

Rathenow

1 Nauer

Havel

Brandenburg
an der Havel

Pots

Werde

Kloster
Lehnin

45

Bad Belzig

Elbe

Mulde

Saale

Sachser

Bildnachweis

BioHotel Burg Lenzen / Diethelm Wulfert: Umschlagvorderseite oben
Gästehaus am Lehnitzsee / Melanie Bastian: S. 154, 155, 156
Grumsiner Brennerei GmbH: S. 86
Pixabay: S. 43
Matthias Zimmermann: S. 123
Alle übrigen Bilder stammen von Gerhard Drexel.

Kartendesign: Peter Palm, Berlin (Bearbeitung: typegerecht berlin)

Der Autor

Gerhard Drexel, geboren 1948, aufgewachsen bei Stuttgart, lebt seit 1995 in Berlin und bereist von dort aus das Land Brandenburg. Er hat bereits zahlreiche Stadt- und Reiseführer veröffentlicht, zuletzt im be.bra verlag »Klöster und Kirchen in Brandenburg« und »Prominente in Potsdam«.